法税融合丛书

破产税收理论与实务

葛 静 龚春萌 著

知识产权出版社
全国百佳图书出版单位
—北京—

图书在版编目（CIP）数据

破产税收理论与实务 / 葛静，龚春萌著． -- 北京：知识产权出版社，2025.9． -- （法税融合丛书）．
ISBN 978 - 7 - 5245 - 0152 - 7

Ⅰ．D922.291.924；D922.220.4

中国国家版本馆 CIP 数据核字第 20253Z26Z9 号

责任编辑：雷春丽 　　　　　　　　　责任校对：谷　洋
封面设计：智兴设计室·索晓青　　　　责任印制：孙婷婷

法税融合丛书

破产税收理论与实务

葛　静　龚春萌　著

出版发行：	知识产权出版社有限责任公司	网　址：	http：//www.ipph.cn
社　　址：	北京市海淀区气象路 50 号院	邮　编：	100081
责编电话：	010 - 82000860 转 8004	责编邮箱：	lawpub124@163.com
发行电话：	010 - 82000860 转 8101/8102	发行传真：	010 - 82000893/82005070/82000270
印　　刷：	北京九州迅驰传媒文化有限公司	经　销：	新华书店、各大网上书店及相关专业书店
开　　本：	720mm×1000mm　1/16	印　张：	9
版　　次：	2025 年 9 月第 1 版	印　次：	2025 年 9 月第 1 次印刷
字　　数：	145 千字	定　价：	58.00 元
ISBN 978 - 7 - 5245 - 0152 - 7			

出版权专有　侵权必究

如有印装质量问题，本社负责调换。

总序

党的二十大报告强调，必须更好发挥法治固根本、稳预期、利长远的保障作用。法治是推动社会经济高质量发展的制度基础，缺乏良好的法治保障，将难以推动经济社会稳定运转和全面进步。财税在国家治理中发挥着基础性、支柱性和保障性作用，财税体制改革是推进全面深化改革不可或缺的重要一环。党的二十大报告正式提出并深入阐释"中国式现代化"的理论命题，这一命题同时也对财税治理现代化服务中国式现代化提出了新的要求。在此背景下，财税研究应当积极回应时代之问和实践之问，强化学科会聚，推动建构中国自主的财政税收学知识体系。据此，财税研究应扎根中国大地，把牢深化财税体制改革的着力点，并在充分吸收国际先进经验的基础上，实现本土化与国际化的有机结合，以期建立健全与中国式现代化相适应的现代财税体制。

学科划分是专业门类分工的体现，对促进学术研究和知识积累具有显著意义。但囿于当前社会面临的问题日趋复杂，单一学科恐难以有效应对。学科壁垒和学科封闭亦会影响研究的整体性和关联性，甚至阻碍研究创新。据此，学科融合成为推动学术创新的重要路径。学科发展一般是从通识性知识开始，选择其中某一点深入研究，进而发展成为限定领域和特定主题，形成独有的知识体系。学科融合就是要打破学科壁垒，综合不同学科的思维意识和研究方法，更加全面、系统地推动各领域研究，最终催生新领域、新学科，产生新成果、新知识。习近平总书记强调，要优化基础学科建设布局，推动学科交叉融合和跨学科研究，构建全面均衡发展的高质量学科体系。❶ 该论断深刻地指出了学科交叉融合和跨学科研究的重要意义和目标定位。据此，学术研究需要注重推动不同学科之间的跨界融合，形成更加系统化和综合性的研究范式。这种研究活动显然不同于传统的单一或同类学科研究，其更加重视不同学科之间的深度互补与协调。

具体到财税领域，加强跨学科合作与互动，可以有效解决财税法治建设中的复杂问题，产生超越学科界限的新财税知识，以在财税领域实现真正的"增量研究"。未来，学科之间的交叉融合是必然趋势，本丛书所作出的研究就是一种尝试和探索。当然，法税融合并非在财税研究的基础上简单叠加法学研究，而是重点强调两者之间的互赖互动和有机互补，找到"法"与"税"的交叉点，并以此为逻辑起点探索两者之间的联系，取一方之长补另一方之短，进而全面拓展研究范围和研究对象，增强研究结论的可靠性。

事实上，财税领域的研究长期得到法学界的广泛关注和参与，其中"税收法定"原则就是一个典型例证。博登海默（Bodenheimer）认为，法律制度的存在需要实现两种基本价值：一是促进公平正义，二是创造社会秩序。❷ 可见，"法"是底线、是原则。《立法法》❸ 第 11 条确立了税收法定原则，要求税种的设立、税率的确定和税收征收管理等税收基本制度只能制定法律，此乃现代国家的一项基本原则——法律保留原则在税收领域的具体体现。党的十八大以来，我国财税体制改革取得显著成就，逐渐建立起"税种科学、结构优化、法律健全、规范公平、征管高效"的税收制度体系。在此过程中，税收法定原则贯穿于整个税制改革进程，我国正朝着"一税一法"的目标稳步迈进。2024 年 12 月 25 日，第十四届全国人大常委会第十三次会议表

---

❶ 习近平. 加强基础研究 实现高水平科技自立自强 [J]. 求是, 2023 (15): 4-9.
❷ 博登海默. 法理学: 法律哲学与法律方法 [M]. 邓正来, 译. 北京: 中国政法大学出版社, 2004: 330.
❸ 本书提及法律、法规、规章和规范性文件名称时, "中华人民共和国"省略, 其余一般不省略。例如, 《中华人民共和国立法法》简称为《立法法》。

决通过了《增值税法》，自 2026 年 1 月 1 日起施行。增值税是我国第一大税种，随着增值税制定了法律，截至目前，我国现有 18 个税种中已有 14 个税种完成了单行立法，包括《企业所得税法》《个人所得税法》《关税法》等，涵盖了绝大部分的税收收入，是全面落实税收法定原则的重要一步。此外，消费税和土地增值税立法方面目前也已向社会公众发布征求意见稿。不仅如此，在法典化立法时代，税收单行法还要朝着整合性、体系化的方向演进，适时开展税法总则的制定和税法典的编纂，尤为必要。这既是全面落实税收法定原则的应有之义，也是现代税法理论创新发展的重要契机。

当然，财税理论研究和制度建设还需回应当前的重大实践问题。举例而言，一是回应"风险社会"的环境变迁。"有为政府"应当有效运用财税机制应对这种复杂多变的风险环境，利用普惠性纾困扶持措施、特定行业扶持措施等缓冲外部冲击并刺激经济复苏。在应对突发事件时，政府可以对受影响严重的行业提供专项资金补贴、税款减免、亏损结转年限延长等措施，促进企业复工复产。为鼓励科技创新和技术进步，政府可以加大对高新技术企业的税收优惠力度，推动产业升级转型，增强经济发展"韧性"。在风险社会语境下，更好发挥财税制度筹集财政收入、调节经济运行等基本作用，还需要强化其风险管理功能，提升国家财政可持续性。二是回应"区域一体化发展"的时代趋势。在京津冀、长三角、粤港澳和成渝等经济圈，创新性区域税收治理机制正成为推动全国区域一体化发展的重要因素。这些区域不仅是中国经济发展的增长极，也是探索区域税收协同的重要试验田。加强区域税收制度协调，可以构建更加高效、公平的区域税制环境，促进资本、技术和人才等生产要素自由流通。近年来，国家税务总局积极推进区域间的税收合作与一体化建设，致力于强化税收政策的协同性和一致性，确保税务执法的标准性和联动性，以助推全国统一大市场建设。三是回应纳税主体"税务合规"的现实诉求。近年来，涉税案件数量持续增加、涉案企业数量居高不下，税收违法问题成为企业经营发展的一大雷区。面对经营中的税务挑战，企业须严格遵守国家税收法律法规和行业规范，建立健全内部税务管理机制，防范税务风险。更重要的是，精细化的税收立法样态更符合税务合规的现实需求，我国税收法律制度需要不断提升其确定性，为纳税主体提供稳定可预期的法治环境。

以上关于财税理论和实践的探讨，实际上都要求将财税与法治紧密联系，同时也要求传统财税研究范式向与法学交叉的方向转型。需要重申的是，税收法定原则是税法原则的核心原则，其强调了立法机关在制定税收规则中的主导地位，以实现对征税权力的控制和纳税人权利的保障。可以说，税收与法治的深度融合有利于推动税收法治化进程，并以此为引擎推动实现中国的税收治理现代化。本丛书正是立足法税融合的基本立场，以期推动财税研究的拓展和深化。第一，丰富财税研究的视角。财税制度涉及"财税"本身，但本质上是"制度"。作为制度，必然需要从法学层面对其结构、规范和价值等命题进行深入思考。从法学视角研究财税制度，对国家财税体制改革具有重要的理论价值和现实意义。第二，增强对中国特色财税制度实践的理论解释力。财税关乎宏观经济秩序和民众日常生活，在不同的国家有不同的经济基础和社会环境。中国的财税制度具有鲜明的中国特色，这也是建构中国自主的财政税收学知识体系的基本条件，为此需要运用法学的立场、观点和方法对中国财税制度实践进行理论提炼。第三，促进法治思维与涉税业务的良性互动。法治思维与涉税业务相结合，既符合新时代涉税服务行业发展的新要求，也能确保涉税业务在法治框架内开展，助力将法治成果转化为优化涉税业务生态的驱动力量。

是为序。

韩　炜

2024 年 12 月于重庆

前言
FOREWORD

　　破产，是现代市场经济制度中不可回避的重要环节。在经济持续深化发展、产业结构不断调整的今天，企业破产不再被视为失败的终点，而是市场主体优胜劣汰、资源优化配置的一种制度化路径。当企业陷入破产困境时，如何妥善处理税务问题、平衡各方利益、维护市场秩序，成为一道兼具法律严谨性与社会敏感性的难题。破产程序中的税收问题往往错综复杂，既有法律上的冲突，也有操作上的难题。在破产清算时，如何平衡各相关主体的权益是破产清算中的重要问题。遗憾的是，实务中常因税企双方对破产涉税规则的理解差异，导致程序拖延、争议频发。例如，欠缴税款与担保债权的清偿顺位如何界定？税务注销与破产终结的衔接存在哪些操作盲区？破产企业资产处置中的土地增值税应当如何处理？这些问题若不当处理，可能导致税收流失和债权纠纷，还会延误破产程序进展，影响企业退出或重整的效果。

　　以上问题的解决，既需要精准解读《企业破产法》《税收征收管理法》的交叉条款，也需要结合司法实践中的典型案例，构建可操作的实务指南。本书从法税融合的角度出发，摒弃了传统税务书籍"政策罗列式"的写作模式，转而以"问题导向"为轴心，构建三大研究维度：一是法理框架，梳理破产程序中税收债权的法律属性，解析其与普通债权、担保债权的冲突与协调。对破产程序中旧税收债权、新税收债权进行规范分析，为税务机关行使优先权提供法理依据。二是实务指引，通过多个典型案例剖析破产企业涉税全流程，从债权申报、税收债权处置、争议解决到清算终结，梳理各环节税务风险与合规路径，希望能为实务解决提供有益的借鉴。三是政策前瞻，结合当前试点情况和中国税制改革方向，探讨个人破产涉税规则的未来趋势，为未来全国层面的个人破产立法奠定理论与实践基础。

我们期待《破产税收理论与实务》这本书不仅能成为从业者的案头手册，更能推动社会对破产税务治理的关注。尽管笔者力求全面，但破产税收领域涉及法律、税务、会计、金融等多学科交叉，实务问题更是千变万化。书中对个人破产中的税款清偿、金税四期等税收征管数字化改革可能引发的破产涉税新挑战等前沿问题，受限于研究深度与篇幅，尚未能充分展开，亦需在后续研究中持续关注。若您发现书中观点偏颇、案例失真或论证疏漏，欢迎与笔者联系，恳请读者诸君不吝赐教。

葛　静

2025 年 6 月

目录
CONTENTS

第一章 破产税收的概念范畴与属性 / 001

第一节 破产税收的概念与范围 / 001
一、破产税收的概念 / 001
二、破产税收的范围 / 003

第二节 破产税收的经济属性 / 004
一、市场调节功能 / 005
二、公共收入效应 / 005
三、激励与约束机制 / 006

第三节 破产税收债权的法律属性 / 006
一、公法债权属性 / 007
二、程序性 / 007
三、特殊性 / 008

第二章 破产税收的文献综述与理论基础 / 009

第一节 破产税收的文献综述 / 009
一、关于破产税收的一般原理研究 / 010
二、企业破产程序中的税收债权研究 / 012
三、破产法与税法的衔接与冲突研究 / 017

第二节 破产税收的理论基础 / 018
一、课税特区理论 / 018

二、利益均衡原则 / 020

三、保障生存发展权 / 021

第三章 破产程序中税收债权优先权的法律冲突与路径选择 / 023

第一节 税收债权优先权的法律冲突 / 023

一、税收债权优先权的法律依据 / 024

二、税收债权优先权的清偿顺位冲突 / 024

第二节 我国学界对税收债权优先权的路径分歧：
废除、保留、限缩 / 026

第三节 域外税收优先权立法启示 / 030

第四节 税收债权优先权的路径选择与立法建议 / 031

一、明确法律位阶与规范协调机制 / 031

二、限缩税收优先权的适用范围 / 032

三、完善欠税信息公示与协同治理体系 / 033

第五节 案例分析 / 034

一、绍兴金宝利纺织有限公司债权纠纷案 / 034

二、福建晋江农村商业银行股份有限公司梅岭支行与国家税务总局泉州市泉港区税务局执行分配方案异议之诉案 / 036

第四章 破产程序中旧税收债权的规范分析 / 038

第一节 "所欠税款"的范围和税法规定 / 038

一、"所欠税款"的范围 / 038

二、"所欠税款"的税法规定 / 039

第二节 破产程序中的税款滞纳金制度 / 041

第三节 破产程序中的罚款、罚金清偿制度 / 043

第四节 骗取出口退税款在破产程序中的定性：基于温州市国家税务稽查局诉腾旭公司破产债权确认案的分析 / 046

第五章　破产程序中新生税收债权的规范分析 / 049

第一节　破产费用与共益债务 / 049
第二节　新生税收债权的价值判断 / 051
第三节　新生税收债权的域外立法启示 / 053
一、新生税款清偿顺位的域外立法考察 / 053

二、新生税收债权的域外立法启示 / 057

第四节　我国新生税收债权清偿顺位的立法与实践 / 060
第五节　司法拍卖中由第三人代偿税收债权的法律与经济问题 / 061
一、法律层面的规范分析 / 061

二、经济层面的效益与风险 / 062

三、案例分析：成都金创盟科技有限公司、成都爱华康复医院有限公司拍卖合同纠纷案 / 063

第六章　破产程序中税务机关的角色定位 / 066

第一节　税务机关作为债权人申请欠税企业破产 / 067
一、税务机关提出破产申请的法理依据 / 067

二、税务机关提出破产申请的司法实践 / 072

第二节　税务机关作为执法机关对新生税款的征收管理 / 074
一、新生税款的定性问题 / 074

二、税务机关对新生税款的强制执行：基于"宁燕案"的分析 / 076

第七章　企业破产重整的税收优惠问题 / 080

第一节　企业破产重整的税收优惠政策 / 080
一、企业所得税优惠 / 080

二、增值税优惠 / 080

三、契税优惠 / 081

四、土地增值税优惠 / 081

五、印花税优惠 / 081

六、其他税种优惠 / 082

七、实务操作 / 082

第二节 企业破产重整中豁免债务的企业所得税应税问题 / 082

一、企业破产重整中豁免债务负担所得税的非正当性 / 083

二、企业破产重整中豁免债务的所得税课税除外原理 / 085

第三节 特殊性税务处理在企业破产重整中的适用性 / 086

一、破产重整中债务重组的特殊性税务处理规则 / 086

二、特殊性税务处理在企业破产重整中的适用性分析 / 087

第四节 出资人权益调整计划的税务分析 / 088

一、股权增发的税务穿透性分析 / 088

二、资本公积转增股本的税法评价 / 089

三、信托架构的税法风险 / 089

四、案例分析：海南航空控股股份有限公司破产重整案 / 090

第八章 破产房地产企业的土地增值税分析 / 092

第一节 破产房地产企业土地增值税的法律属性 / 092

一、土地增值税的税法属性：行为税与清算义务的复合性 / 092

二、破产债权性质：税收债权的优先性边界 / 093

三、破产清算中土地增值税的实务争议焦点 / 094

第二节 破产房地产企业土地增值税的清算条件 / 095

一、税法层面的法定清算条件 / 095

二、破产程序触发的清算条件 / 096

三、实务操作的核心要点 / 097

第三节 破产房地产企业土地增值税的征收方法 / 097

一、土地增值税的基本计算方法 / 098

二、破产清算中的特殊处理 / 099

三、扣除项目的特殊规定 / 099

四、实务操作的注意事项 / 100

第四节 破产房地产企业土地增值税的清算周期 / 100
 一、清算周期的核心影响因素 / 100
 二、典型清算阶段与时间分布 / 101
 三、缩短清算周期的实务策略 / 102
 四、司法实践中的特殊情形 / 102

第九章 个人破产税收免责问题分析 / 107

第一节 个人破产税收免责的现实诉求 / 108
 一、个人破产税收免责的必要性分析 / 108
 二、个人破产税收免责的实践考察 / 114
第二节 个人破产税收免责的机制设计 / 115
 一、个人破产税收免责机制需要澄清的两个基础命题 / 115
 二、个人破产税收免责机制展开 / 118

主要参考文献 / 123

第一章
破产税收的概念范畴与属性

在现代市场经济体系中,市场主体的破产是一个不可避免的现象,它不仅是市场经济优胜劣汰机制的一部分,也是市场主体生命周期的一个环节。在破产程序中,税收债权相比于其他债权具有特殊性,也应当予以特殊保护。[1] 破产程序中的涉税问题不仅关系到国家的税收利益,还关系到其他债权人的合法权益。应当指出的是,"破产税收"一词并非规范的法律术语,其主要是指破产程序中的涉税问题。下面将深入探讨破产税收的概念、范围及属性,解析涉税问题在破产程序中的角色与影响。

第一节 破产税收的概念与范围

一、破产税收的概念

(一) 破产税收的定义

破产税收是指在企业或个人因无法偿还到期债务而进入破

---

[1] 许德风. 论破产债权的顺序 [J]. 当代法学, 2013, 27 (2): 76–82.

产程序时，根据《企业破产法》和《税收征收管理法》等相关法律法规，需对破产财产进行清算并缴纳相关税款的一系列涉税事项。破产语境下需要缴纳的税款，不仅包括破产程序前未缴清的税款，还涵盖了破产过程中因资产处置、债务重组等活动而产生的"新生税款"，包括但不限于企业所得税、个人所得税、增值税、房产税、土地增值税等。从广义而言，破产程序中的涉税问题还涉及与破产相关的税务处理，如税务清算、税收优惠政策适用、税务债权的确认与清偿等。值得注意的是，从法学的角度看，破产税收更是一个涉及破产法和税法交叉领域的概念，税收债权的产生、效力及程序均严格受法律约束，需要立法者在公共利益保护、债权人权益保护及经济效率提升等多重价值目标间进行制度抉择，从而维护国家公权力与私法秩序在破产程序中的动态平衡。

（二）破产税收的特性

一是优先性。税收作为国家履行公共职能的经济基础，需通过优先受偿确保财政稳定性和维护社会整体利益。从这一意义上讲，在破产程序中，税收债权往往享有较高的优先级。根据《企业破产法》，税收债权在清偿顺序上位于职工债权和社会保险费用之后，但优先于普通破产债权。这意味着，在破产财产分配时，税收债权将较早得到清偿。但需要注意的是，税收债权的优先性在实践中常引发法律冲突与社会争议，在理论上也经常出现一些分歧。由于财税法学界提出的"公法债权"理论在司法实践中运用不充分，破产税收优先权问题面临着追偿困难的现实。❶

二是复杂性。破产税收的计算和处理较为复杂，需要考虑企业重组、清算过程中的各种税务问题，例如，增值税、土地增值税、契税等税种需要根据资产转让价格重新核定税基。此外，破产程序的时间跨度与税法规定的纳税期限也常产生冲突，例如，税务机关要求按季度预缴企业所得税，而破产财产可能需数年才能变现分配，这种时序错配导致税收债权金额难以准确确定。这些复杂税务问题的处理不仅影响破产财产的最终分配结果，

---

❶ 杨亮. 破产程序中税收优先权的捍卫和思考［J］. 税务研究，2020（8）：85－89.

更直接关系到企业能否通过重整获得"新生"或顺利退出市场。

三是时效性。破产税收的申报与处理有严格的时间限制，必须在法定期限内完成，否则可能影响破产程序的进程。这种时效性要求贯穿于破产程序的各个阶段，任何环节的延误都可能导致整个破产程序的停滞，增加各方交易成本，甚至影响企业重整成功的可能性。因此，在破产实践中，各方参与主体都必须高度重视税收事项的时间节点，通过专业化的团队协作和精细化的流程管理来确保在法定期限内完成各项税务申报与处理工作，从而保障破产程序依法有序推进。

二、破产税收的范围

破产税收范围的明确关乎公私利益的分配平衡，也直接影响着破产财产的分配效率，否则可能挤占普通债权人的受偿空间，加剧市场主体的债务风险预期。从制度设计层面看，明确的税收边界能够防止公权力在破产场域的冲动式扩张，避免税收优先权异化为挤压私法债权空间的制度工具，从而维系破产程序作为市场化债务出清机制的中立性。破产税收的范围广泛，主要涵盖以下几个方面。

一是破产宣告前形成的税收债权。一般而言，在破产宣告前，企业其实并未真正进入破产程序。对于正常经营的企业而言，税收债权并非在税务机关催缴或企业申报时才形成，而是在应税行为实际发生时即已产生。简而言之，税收债权产生于应税行为发生时。例如，企业完成商品销售、取得营业收入或者发生应税交易时，对应的纳税义务便自动产生，税务机关的后续核定或征管程序只是对这一既存债权的确认。破产宣告前形成的税收债权源于破产企业正常运营期间未缴清的税款，如增值税、消费税、企业所得税、房产税、城镇土地使用税等。这些税款基于破产企业过去的经营行为而产生，属于破产企业债务的一部分。

二是破产宣告后形成的税收债权。破产宣告后，债务人进入破产程序。值得注意的是，普通债权在破产申请受理前已经产生，而税收债权既可以在破产申请受理前产生，也可以在破产重整或者破产清算过程中产生。在破产程序启动后，清算组或接管人可能需要继续经营部分业务以维护企业资产价值，或进行资产的变卖、转让等活动。这些活动可能产生新的税款，如增值税、契税、印花税、土地增值税等。此类税款基于破产程序中的特定行为而产生，也属于破产税收的范畴。如果企业在破产过程中进行了债务重组，重组收益需要计入企业当期应纳税所得额。破产企业清算期间的清算所得也应计入企业所得税的应纳税所得额。在某些情况下，破产管理过程中产生的费用也可能被视为一种特殊的"税款"形式，需要从破产财产中优先支付。

三是税收滞纳金与罚款。在破产程序中，税收债权不仅包括企业欠缴的税款本金，还涵盖由此衍生的税收滞纳金和罚款。破产企业未按时足额缴纳税款会产生滞纳金和罚款。在破产程序中，滞纳金和罚款的处理通常与税款本金不同，它们的清偿顺序和性质根据相关法律法规有所区别。从现实情况看，某企业存在逃税行为，直到进入破产程序才被税务机关发现并查处，应当补缴相应税款、滞纳金并缴纳罚款。从形式上看，补缴税款、滞纳金和缴纳罚款的行政决定是税务机关在破产程序启动后作出的，但从实质上看，债务人偷逃税款这一行为发生在破产程序启动前。因此，这类应当补缴的税款、滞纳金和罚款，也理应属于破产债权的范畴，只是三者在清偿顺序、法律效力上存在一定差异。在司法实践中，这种区分对待也反映出破产法对惩罚性债权（罚款）与补偿性债权（税款）的价值取舍。

第二节　破产税收的经济属性

在市场经济体系中，破产是市场自然选择和资源优化配置的应有之义，也是促进产业结构调整和新旧动能转换的重要途径。破产税收的经济属性体现在多个方面，这些属性不仅反映了税收在破产程序中的经济特征，也揭示了其对破产债务人、债权人以及整体社会经济的重要影响。

一、市场调节功能

破产税收作为税收的一种特殊形式，参与市场经济的调节，影响企业决策和市场行为。通过调整破产过程中的税收政策，如提高或降低破产清算中涉及的税率、变更相关税收优惠条件等，可以影响市场主体的经济行为，促进产业结构的优化升级，从而增强经济体系的循环能力和韧性。例如，在经济下行期，政府可以通过减税降费等方式减轻破产企业的税收负担，鼓励其进行债务重组或转型升级，从而激发市场活力，稳定经济增长。可以说，破产税收制度在市场经济运行中具有独特的调节功能，其影响不仅体现在债务清理层面，更通过债务清偿规则的设计实现对市场主体行为的引导和规范。这有利于向市场主体传递依法纳税的刚性约束信号，从而在宏观层面维护税收征管秩序和提高市场自我调节能力。此外，破产税收还承担着传递经济信号的作用。高破产率和破产税收相关指标的升高可能反映出经济周期的下行压力或行业内的结构性问题，政府和市场参与者可以通过这些信号及时调整宏观经济政策，以妥善应对潜在的经济风险。

二、公共收入效应

税收是国家财政收入的主要来源，用于支持公共服务和社会福利等公共项目。在破产程序中，税收债权的清偿是公共收入效应的体现，具有客观上的收入价值。这种价值不仅体现在税款本身的金额上，还体现在其对公共利益的贡献上。因此，尽管在破产情况下，企业可能已经处于财务困境，但是通过破产程序中对债务人剩余资产的清算，政府仍然可以从破产财产中获得一定比例的税款。这部分收入可以帮助政府弥补财政缺口，维持公共服务和社会福利的正常运转。在此情况下，破产税收制度将通过其特有的债权确认与清偿机制，对公共财政收入产生结构性影响。破产程序中对税收债权的确认与处理，不仅直接关系到当期财政收入的实现程度，更通过制度预期影响着整体税收环境的稳定性。此外，在市场化破产框架下，税收债权的实现程度与清偿比例，往往成为衡量财政损益的重要指标，并最终有可能转化为公共服务的资金缺口或纳税人的额外负担。更为深层的是，破产税收规则的确立塑造了市场主体的纳税行为预期——当市场主体明确知悉破产并不能免除纳税义务时，其在正常存续期间会更加审慎地履行纳税义务，这种预防性效应客观上巩固了税源基础。从短期看，破产税收是破产财产分配中的收入保全机制；从长期看，则是维护税收秩序的市场化制度保障，有利于促进财政可持续性与市场机制效率的平衡。

三、激励与约束机制

破产税收规则的设定往往兼顾了对市场主体的激励和约束机制。一方面，合理的税收政策可以激励企业积极重组，优化资产结构，减轻负债，以避免最终被破产清算的命运。例如，对企业历史欠税给予部分豁免，或者允许在破产重整中通过债务重组协议调整税收清偿方案。这种包容性制度安排为企业再生创造了可预期的税收环境，激励企业家积极拯救危困企业而非简单清算。另一方面，破产税收规则中的约束机制呈现出鲜明的制度刚性，任何试图通过破产逃避税收责任的行为都将遭遇制度性遏制。例如，对恶意欠税的企业，无疑会触发税务稽查程序的全面启动，使企业在市场退出阶段仍要接受彻底的税务审查。

第三节 破产税收债权的法律属性

税收债权的产生依据是破产法、税法等法律规范，其金额、种类、清偿顺序等均由法律明确规定。在破产程序中，税务机关必须依法申报税收债权，并按照规定参与破产财产的分配。这种法律属性确保了税收债权的稳定性和可预测性，也为破产程序的顺利进行提供了法律保障。破产税收债权的法律属性主要体现在以下几个方面。

一、公法债权属性

根据现代税法理论,税收法律关系被视为公法上的债权债务关系,这种关系既具有公法的性质,也表现出私法上的某些特征(契约之债的相似性)。当然,其核心在于其公法属性,即税收是国家凭借政治权力,按照法律规定,通过税收工具强制地、无偿地征收并参与国民收入和社会产品的分配和再分配,取得财政收入的一种形式。这种强制性、无偿性和固定性决定了税收债权的公法性质。破产税收债权在法律上具有明确的地位,通常被归为破产债权。在破产程序中,税收债权的清偿顺序通常优先于普通债权,但次于破产费用和共益债务,这意味着在破产财产的分配中,税收债权的偿还具有较高的优先级,以保障国家的税收利益。这一优先权属性明确规定在《企业破产法》等法律法规中。这种优先权属性体现了国家对税收债权的特殊保护,也反映了税收作为国家财政收入重要来源的地位。此外,破产税收债权还体现了税法的公法原则——公平性和中性。公平性原则体现在所有企业都应依法纳税,无论其财务状况如何,破产企业也不能免除其应尽的纳税义务;中性原则体现在税收征收过程中尽量减少对经济活动的干扰,保证税收征收的便捷性和低成本,避免过度行政干预对市场自我调节机制的破坏,同时也为其他市场主体的债权实现保留合理空间。

二、程序性

破产税收的处理必须遵循严格的法律程序,包括税收债权的申报、审核、确认和清偿等一系列步骤。破产管理人或法院在破产程序中扮演关键角色,负责监督税收债权的合法性和合理性,并确保其在法律框架内得到妥善处理,保护各方当事人的合法权益。破产税收的"程序性"特征体现在其实现过程完全依托于破产法律框架的规范运作,本质上是一种依附于司法程序的特殊债权实现机制。与正常经营环境下的税收征管不同,破产程序中的税收债权不再通过行政权力直接强制执行,而是转化为需要经过司法审查的申报债权,必须遵循破产法设定的时间节点、证据标准和确认程序。这种程序性转化使税收债权脱离了传统行政征收的轨道，进入市场化债务清理的法治化通道——税务机关须在法定期限内申报债权，管理人依法审核确认，法院最终裁定清偿方案，整个过程呈现出鲜明的司法化特征。

三、特殊性

破产税收债权在具体的运行程序中还具有一些特殊性。首先，破产税收债权的清偿对象通常是处于困境中的企业，这些企业的资产状况复杂，债务关系混乱，给税收债权的确定和清偿带来了很大难度。其次，破产税收债权的清偿顺序虽然优先于普通债权，但在实际操作中可能受到多种因素的影响，如破产企业的资产状况、重整计划的可行性等。因此，税收债权的清偿比例很大程度上受制于债务人的财产状况，难以保证确定性和全额性。最后，在破产程序中，尽管税务机关从管理者转变为平等的申报主体，但税收债权的实现还可能涉及法律程序、司法判决等多种法律手段。对破产税收债权争议，破产企业或其债权人对税收债权的认定或优先级有异议时，有权通过法律途径寻求救济，包括向税务机关提出申诉、申请行政复议，甚至提起行政诉讼，以维护自身合法权益。

CHAPTER 02 >> 第二章

破产税收的文献综述与理论基础

在对"破产税收"这一核心概念进行初步界定后,需要进一步关注的问题是:目前学界对破产税收及其相关制度有着怎样的认识,做了怎样的研究,在某些方面是否已经达成基本的理论共识?在此基础上,对于破产税收的理论基础,又如何结合已有理论研究和制度实践进行整体把握?下文将围绕上述问题展开探讨。

第一节 破产税收的文献综述

从学术研究的角度看,如何持续完善企业破产相关制度规则,多年来一直为国内外学者所关注。值得指出的是,由于企业破产横跨多个领域,涉及多个环节和多种事项,通常会面临不少难题与挑战。其中,税收问题是较为典型且经常产生的。甚至有学者直言:"在破产案件中,没有比税收债权更让人伤脑筋的问题了。"❶ 相应地,学界关于破产税收问题的研究也呈

---

❶ ENDICOTT JR. A B. Taxes, wage claims, and inheritances [J]. Journal of the National Association of Referees in Bankruptcy, 1941, 16 (2): 58-62.

现出纷繁多样的状态。为了更好地厘清破产税收的研究脉络和学术动态，下文将从破产税收的一般原理、企业破产程序中的税收债权、破产法与税法的衔接与冲突三个角度对已有研究展开梳理和评价。

一、关于破产税收的一般原理研究

研究破产税收的一般原理，就不得不提到一个税收"元问题"，即税收的本质是什么？或者说，政府征税究竟是由权力主导，还是存在其他可能？在现代税法发展史上，国外学界对税收法律关系的本质认识逐渐形成了两种不同观点，即"权力关系说"和"债务关系说"。❶ 前者基于"国家分配论"的财政观，强调纳税人对国家征税权力的服从；后者旨在用民法领域的"债"或者契约关系来尝试重塑传统税收征纳关系，为税法的发展开辟了新的思路。❷ 受此影响，20世纪末，我国早期的税法学者开始注重约束国家税权、提倡保护纳税人权利，❸ 同时开始对税收作出新的界定——税收是国家与纳税人之间达成的一种"公法之债"。❹ 税收之债首先是一种法定之债，其具体发生、变更和消灭均须严格遵循税收法定原则，与主要依双方当事人意志确定债务内容的私法之债存在本质区别。❺ 从本质上看，税收之债是一种关于金钱给付的法律关系，国家作为税收债权人，由此可以向纳税人主张税款请求权。❻

随着私法上的债权债务理论在税法领域持续"开枝散叶"，"税收债权""税收优先权"等相关概念逐渐在学界流传开来，❼ 而这些概念本身也常用于破产制度语境中。❽ 应当看到，在企业破产程序执行的整个过程中，即从破

---

❶ 侯卓. "债务关系说"的批判性反思：兼论《税收征管法》修改如何对待债法性规范［J］. 法学，2019（9）：141-154.
❷ 张世明. 税收法律制度对于公民意识的培养解析［J］. 政法论丛，2023（3）：3-17.
❸ 张守文. 论税收法定主义［J］. 法学研究，1996（6）：57-65.
❹ 叶金育. 债法植入税法与税收债法的反思：基于比例原则的视角［J］. 法学论坛，2013（3）：155-160.
❺ 刘剑文，熊伟. 财政税收法［M］. 5版. 北京：法律出版社，2009：179.
❻ 施正文. 税收债法论［M］. 北京：中国政法大学出版社，2008：7.
❼ 陈少英. 税收债法制度专题研究［M］. 北京：北京大学出版社，2013：5.
❽ 姜孟亚. 税收之债理论及其在我国的实践［J］. 中共中央党校学报，2018（6）：85-92.

产受理到破产债权申报再到破产财产变现，几乎每个节点都会涉及税收问题。❶ 更确切地说，破产程序中的税收债权主要是指企业破产程序开始前所欠的税款、滞纳金及罚款等，相比之下，破产程序开始后产生的税收债权则属于破产费用的范畴。❷ 须知，企业破产程序中的涉税问题既涉及税收程序因素，又涉及税收实体因素。在税收程序方面，税收征管程序的破产调整原则具体包括量能课税原则、最优税收原则、优先保障债务人企业存续权原则和社会公共利益最大化原则。❸ 徐阳光提出将破产程序作为一种"课税特区"，由此不仅可以解决破产涉税中的程序问题，也可以解决实体层面的问题。所谓"课税特区"，是指出于对纳税人权益的保障，国家税收利益在某些特殊领域应当有所调整，国家可以作出适当让步。这种让步在企业破产领域具体体现为：税务机关在利息计算、滞纳金征收以及罚款收缴等方面都应当受到一定限制，以充分保护破产企业的正当权益。❹ 张松和王怡认为，在处理企业破产涉税问题时应当兼顾国家与一般债权人的利益平衡，需要注重把握以下几项基本原则：第一，以破产法为主导而非税法；第二，承认税收优先权的有限性；第三，注重填补税法漏洞以防止纳税人避税；第四，保证破产裁决中人民法院的权威地位。❺

域外方面，韦斯顿（Weston）认为，学界关于破产制度的研究主要集中在司法领域，运用经济学理论来分析破产问题可能不具备相对优势。即便如此，他仍然利用经济学范式分析了销售税或消费税对破产领域信贷市场的影响机制，认为进一步放宽破产法有可能带来更大的净社会效益。❻ 洛普茨基（LoPucki）认为，破产制度一方面可以保证无实际经营能力的破产企业有序退出，另一方面可以使一些企业"起死回生"；破产制度又可具体划分为两

---

❶ 林溪发. 破产程序执行中的税收问题研析［J］. 税务研究，2022（11）：135-139.
❷ 邹海林. 破产法：程序理念与制度结构解析［M］. 北京：中国社会科学出版社，2016：365.
❸ 范志勇. 论企业破产与税收征管程序的调适［J］. 河北法学，2018（9）：162-177.
❹ 徐阳光. 破产程序中的税法问题研究［J］. 中国法学，2018（2）：208-227.
❺ 张松，王怡. 企业破产程序中的若干税收法律问题［J］. 税务与经济，2019（4）：89-93.
❻ WESTON J F. Some economic fundamentals for an analysis of bankruptcy［J］. Law and Contemporary Problems，1977，41（4）：47-65.

个子系统——"国家救济子系统"和"破产子系统"。在破产情境下,债务人可能选择不支付政府的税款,而是将资金转移给其他无担保债权人,从而在实践中改变了原本由法律规定的债权人优先级。❶ 穆尼(Mooney)立足于破产法的规范性理论——"程序论"指出,破产法在为破产重整企业带来好处的同时,还能使其他利益相关者受益,如政府未来税收收入的增加。❷ 值得指出的是,根据破产主体性质的不同,破产制度又可具体分为企业破产、政府(市政)破产和个人破产,三者在破产程序中通常都会涉及税收问题。因此,除了上述提到的企业破产税收问题,一些学者还将目光投向市政破产和个人破产领域。例如,在市政破产方面,亨特(Hunt)强调税收水平是决定城市是否有资格申请破产的重要因素,相较削减开支,增税才是强化政府偿债能力的有效手段。❸ 在个人破产方面,施普赖雷根(Sprayregen)专门探讨了个人所得税的可免除性问题,他认为如果在个人提交破产申请之前,税务机关已完善针对纳税人财产的税收留置权,那么破产申请的实际效益可能会大大降低。❹

二、企业破产程序中的税收债权研究

客观而言,在企业正式宣告破产之前,其生产经营活动通常已经停滞较长时间,因此拖欠国家税款可能是常态。❺ 现代意义上的企业破产本质上是企业因无力偿还到期债务而公平进行债务清理的过程,在程序上主要包括破产清算、破产重整和破产和解三大环节。企业既可能通过破产重整、和解而"起死回生",也可能因破产清算而"寿终正寝"。❻ 在破产税收方面,从现实

---

❶ LOPUCKI L M. A general theory of the dynamics of the state remedies/bankruptcy system [J]. Wisconsin Law Review, 1982 (3): 311 – 372.

❷ MOONEY JR. C W. A normative theory of bankruptcy law: bankruptcy as (is) civil procedure [J]. Washington and Lee Law Review, 2003, 61 (3): 931 – 1062.

❸ HUNT J P. Taxes and ability to pay in municipal bankruptcy [J]. Washington Law Review, 2016, 91 (2): 515 – 580.

❹ SPRAYREGEN J H M. Dischargeability of personal income taxes in bankruptcy [J]. American Bankruptcy Law Journal, 1990, 64 (2): 209 – 228.

❺ 韩静涛. 企业破产中的税收问题探讨 [J]. 中国经济问题, 2008 (3): 56 – 59.

❻ 王卫国. 破产法精义 [M]. 2 版. 北京: 法律出版社, 2020: 2.

情况看，税务机关主要参与的是企业破产清算和破产重整，参与破产和解的情况较为少见。目前在学界，关于破产涉税问题的研究也主要集中在破产清算和破产重整环节。基于此，下文将分别从破产程序启动前、破产清算和破产重整三大环节对已有研究进行梳理。

（一）破产程序启动前的税收债权问题

徐战成认为，企业破产程序启动前的税收债权问题主要包括：第一，企业破产前的税收强制执行权具体如何行使；第二，税务机关是否可以作为破产申请人。至于前者，他强调税务机关属于"具有行政强制执行权的机关"，原则上在企业缴纳税款方面应当自行强制执行，人民法院不宜受理。同时，这种自行强制执行可能因执行标的不同而产生一些难题，因此建议在不动产方面由税务机关申请人民法院进行强制执行。至于后者，他在回应已有争议的基础上指出，探讨税务机关破产申请权问题应当基于"法无禁止即可为"的私法立场。基本理由是，税务机关在申请欠税企业破产时，其首要身份应当是债权人，所依据的法律首先应当是《企业破产法》而非《税收征收管理法》。❶ 值得指出的是，关于税务机关是否具备破产申请主体资格的问题，学界历来争议颇多。这是因为，税务机关并非典型意义上的债权人，其本身即具有公权力性质。尽管我国已出现税务机关提出破产申请且法院受理的案例，但目前争议依然存在。反对观点认为，税务机关并非破产法意义上的债权人，其行使破产申请权可能构成对企业的过度干预，进而影响市场经济秩序。❷ 换言之，反对观点主要是出于对公权力扩张的担忧，即破产领域中若国家税收权力过度扩张，可能不利于保护其他民事主体的合法权益。

当然，学界亦不乏支持税务机关提出破产申请的观点。例如，商海燕认为，税务机关提出破产申请可以作为欠税清理的一种手段，这也是税收征管创新的一种尝试，可以考虑在《税收征收管理法》中增加明文规定。❸ 颜延

---

❶ 徐战成. 企业破产中的税收法律问题研究：以课税特区理论为指导 [M]. 北京：法律出版社，2018：269.

❷ 王欣新. 破产法 [M]. 4版. 北京：中国人民大学出版社，2019：54.

❸ 商海燕. 税务机关以债权人身份申请企业破产可行吗 [N/OL]. 中国税务报，2016-11-29 [2024-12-07]. https：//www.shui5.cn/article/10/108937.html.

和解应贵同样认为，税务机关能够作为破产申请权主体，可向法院直接申请欠税企业破产。基本理由在于：一是《企业破产法》明确确认了税务机关的债权人地位；二是税务机关具有代表国家参与破产程序的主体资格；三是法律并未明确禁止税务机关提出破产申请。❶ 张世君和高睿思从厘清税务机关的双重身份属性出发，认为税务机关既具有公法主体身份，同时也是民法上的机关法人，不宜将税务机关税收征管行为的公法属性与破产申请行为的私法属性相混淆。税务机关在破产程序中的角色首先是债权人，在申请欠税企业破产时，税务机关所依据的是《企业破产法》及有关司法解释。❷ 综上所述，对税务机关能否以申请人身份启动破产程序这一重要问题，在学理层面无疑具有相当广泛的探讨空间。

（二）破产清算程序中的税收债权问题

在企业破产清算程序中，破产债权的清偿顺序或者说"破产分配"问题关系到每个债权人的切身利益，往往也被视作破产法上的核心命题。❸ 更进一步说，这在学理上会涉及"破产优先权"的问题，即特定债权人就破产主体总财产价值而享有的优先受偿的权利。❹ 当然，破产清算也是税收债权得以实现的关键环节，因此需要重点关注"税收优先权"的相关问题。所谓"税收优先权"，是指在纳税人未缴纳的税收与其他未清偿债务同时存在且其剩余财产不足以清偿全部债务时，税收可以排除其他债权而优先受清偿的权利。❺ 在税收学界，学者一般倾向于认为税收债权具有优先受偿的地位。例如，张欣认为，税收优先权本质上是一种基于物权的权利，鉴于民法上"物权优先于债权"的基本原则，税收优先权有其存在的理论基础和立法价值。❻ 实践中，承认税收优先权的存在以确保税收债权的顺利实现，已经成为税收

---

❶ 颜延，解应贵. 破产程序中的税收债权保护［J］. 税务研究，2017（6）：79-82.
❷ 张世君，高睿思. 论税务机关行使破产申请权的若干思考［J］. 税务研究，2023（2）：82-88.
❸ 李永军. 破产法律制度：清算与再建［M］. 北京：中国法制出版社，2000：331.
❹ 李雪田. 论破产优先权［J］. 当代法学，2008（5）：123-127.
❺ 刘剑文，熊伟. 税法基础理论［M］. 北京：北京大学出版社，2004：298.
❻ 张欣. 浅议我国税收优先权制度［J］. 税务研究，2005（3）：61-63.

稽征机关的努力目标。❶ 此外，在税收优先权的基础理论方面，熊伟指出，与担保物权相比，一项税收是否真的具有优先性还需要根据具体情况进行判断，如果在纳税申报期限届满之前设定担保物权，该项税收则劣后于担保物权。❷ 李妍认为，税收优先权存在的法理基础并非私人利益对公共利益的让步，而是诸多社会利益调和平衡的结果。现实中，税收优先权是否在立法中设立以及如何设立，也是受政治、经济和文化等多个因素综合影响。❸

但也应当看到的是，反对税收债权具有优先地位的声音也不在少数。侯作前认为，《税收征收管理法》将税收优先权与担保物权等同的规定对税收优先权的定位明显过高，可能会破坏产权的安全性和市场交易秩序的稳定性，与当今社会的法的价值相悖。❹ 与该观点相类似的一种观点是，2015年《中华人民共和国税收征收管理法修订草案（征求意见稿）》中引入了"税收优先受偿权"的概念，这在一定程度上意味着政府利用公权力进一步提升了税收债权的法律地位，并且这种抬升存在过度之嫌，是对税收债权的一种过度保护。❺ 事实上，从世界各国破产制度的基本发展趋势来看，税收优先权似乎已经出现弱化的迹象，即越来越淡化税收债权在破产清算中的优先清偿地位。❻ 基于我国实际情况，在税收优先权的存废问题上，也有学者提出现阶段我国不宜直接否定税收优先权的地位，因为税收作为公共产品的对价，与社会公共利益直接相关联，贸然否定税收债权的优先性无疑会导致税收流失，不利于"税收国家"的建立。❼

（三）破产重整程序中的税收债权问题

税收因素在企业破产过程中具有显著影响，尤其是在破产重整环节。如果排除税收因素的考量（如税收激励措施），企业破产重整后存活的概率会

---

❶ 黄茂荣. 税捐法论衡［M］. 台北：台湾植根法学丛书编辑室，1991：86.
❷ 熊伟. 作为特殊破产债权的欠税请求权［J］. 法学评论，2007（5）：90-97.
❸ 李妍. 税收优先权制度的法理学分析［J］. 江西社会科学，2011（3）：185-188.
❹ 侯作前. 我国税收优先权制度前瞻［J］. 云南大学学报（法学版），2003（1）：30-33.
❺ 郭维真. 税收债权视角下的《税收征管法》修订［J］. 税务研究，2018（10）：68-73.
❻ 赵建国. 税收优先权的法律定位分析［J］. 税务研究，2008（3）：66-68.
❼ 王一鹤. 税收优先权法律冲突检视［J］. 税务研究，2020（11）：83-88.

明显降低。❶ 在破产企业的重整过程中，股权转让、并购、注资、资产置换和收购等行为通常都会涉及税收因素，由此不免产生相应的纳税义务。对于已经陷入财务困境的破产企业，有必要在税收方面给予一定的激励和照顾，以减轻其税收负担，帮助其完成重整。实务中，"削债"也是破产重整程序的关键，包括国家在内的各方债权人作出一些必要让步符合破产法的法理。❷ 综上，在破产重整环节，需要着重探讨针对企业重整实施的税收债权减免问题。目前学界较为关注破产重整中的税收优惠政策，其是税收债权减免的一项重要制度。根据税收优惠政策适用主体的不同，企业破产重整相关税收优惠政策通常包括一般调整的税收优惠政策和特殊调整的税收优惠政策。前者主要涉及企业、事业单位改制重组过程中产生的税收问题；后者主要包括适用于被撤销金融机构、特定国有企业和四大资产管理公司等主体的税收优惠政策。❸ 刘佳从平衡协调理念出发，认为对已经陷入严重债务危机的破产企业，国家并不具备全额征税的正当性基础。虽然我国已经认识到税收优惠政策对企业破产重整的重要推动作用，但目前税收优惠政策尚存在统一性与效率性不足的现实问题，需要适当扩充税收优惠措施的种类，并强化对税收优惠政策的管控。❹

然而，也有学者认为，破产重整中债务的减免能否适用于税收债权还存在讨论空间。例如，闫海指出，虽然现代破产法具有积极意义，但并非仅解决清算问题，还要注重恢复企业生机。但是，鉴于税收优惠政策具有严格的法律限制，税务机关对税收债权的调整局限于法律限度之内，由此就可能与重整计划或和解协议的要求存在较大差距。❺ 范志勇和李奇着眼于破产重整税收优惠政策的规范性，认为企业破产重整债务豁免在税法上应当定性为企业所得税的"不征税收入"，以排除税收优惠路径的干扰。这是因为，税收

---

❶ LOPUCKI L M, WHITFORD W C. Patterns in the bankruptcy reorganization of large, publicly held companies [J]. Cornell Law Review, 1992, 78 (4): 597-618.
❷ 汪琼欣. 破产重整程序中税收债权的协商与让步 [J]. 行政与法, 2022 (5): 69-76.
❸ 乔博娟. 企业破产重整税收优惠政策解析 [J]. 税务研究, 2014 (3): 63-67.
❹ 刘佳. 税收优惠政策对破产重整的法律调整及优化进路 [J]. 税务与经济, 2014 (2): 77-82.
❺ 闫海. 新破产法中税收债权问题研究 [J]. 法治论丛, 2008 (2): 50-55.

优惠本质上是一种税收特权,在税收法定理念不断强化的背景下,破产领域税收优惠例外政策的适用空间应当是逐渐缩小的。❶

三、破产法与税法的衔接与冲突研究

在相当多的破产决策中,税务问题通常都是一个极为重要的考量因素,其不仅影响申请破产救济的债务人,也影响无担保债权人。可以说,破产制度和税收制度之间并非泾渭分明,两者需要进行有效结合。❷ 随着自由市场经济机制不断向全球扩展,如何制定出有效的破产法律也得到越来越多的关注,而其中需要予以特别关注的是破产法和税法之间的相互作用和影响。❸ 例如,威廉姆斯(Williams)将美国1978年破产改革法案和1980年破产税法两大法律直接联系起来,指出税收在破产法体系中并没有占据重要位置,以至于税收政策和破产政策之间存在着明显的冲突。❹ 类似的,我国也有学者指出,我国破产法和税法之间存在着许多冲突地带,这是税务机关与法院在处理税收债权问题上争论不断的主要原因。这种矛盾和冲突的根源在于:第一,破产法和税法的基本立足点不同。破产立法的首要宗旨是平等地保护各方债权人的利益,而税法往往以国家利益为重。第二,破产法和税法关注的主体存在较大差异。破产法主要关注的是即将进入或者已经进入破产程序的特定主体,但对这类主体,税法却很少涉及。❺ 浙江省温州市中级人民法院联合课题组和潘光林认为,破产法与税法之间理念分歧和规则冲突的根源在于两者的法域属性差异,即公法与私法的分野。近几年兴起的"领域法学"理论及其研究范式,有助于克服我国传统公私法分野和部门法划分的弊端,

---

❶ 范志勇,李奇. 论针对企业破产重整豁免债务的所得税课税除外 [J]. 税务与经济,2021 (6): 30 - 37.
❷ HEBENSTREIT L M. Tying together the tax and bankruptcy codes: What is the proper tax treatment of abandonments in bankruptcy [J]. Ohio State Law Journal, 1993, 54 (3): 859 - 890.
❸ MORGAN B K. Should the sovereign be paid first? A comparative international analysis of the priority for tax claims in bankruptcy [J]. American Bankruptcy Law Journal, 2000, 74 (4): 461 - 507.
❹ WILLIAMS J F. Rethinking bankruptcy and tax policy [J]. American Bankruptcy Institute Law Review, 1995, 3 (1): 153 - 206.
❺ 刘中建,韩晓. 新时代中国财税法治热点问题研究 [M]. 北京:知识产权出版社,2021: 204.

可以成为弥合破产法与税法理念分歧的重要理论基础。实践中,企业破产涉税问题的解决也亟须这种新理论的支持。❶ 此外,在法律适用方面,《企业破产法》与《税收征收管理法》两部法律的适用优先性还存在一定争议。在通常认识中,《企业破产法》当属《税收征收管理法》的特别法。但在某些特殊情况下,税务机关可能主张《税收征收管理法》为特别法,即认为该法是对破产程序中税收债权这一特殊问题的规范。❷

第二节 破产税收的理论基础

破产税收问题是破产制度与税收制度的交集部分,涉及两项制度之间的协调与衔接。进一步看,破产税收问题也具有丰富的理论渊源,是破产和税收领域一个极其重要的理论命题,学界对其展开了诸多理论探索。关于破产税收的理论基础,至少可以从课税特区理论、利益均衡原则和生存发展权保障三个维度进行阐释。

一、课税特区理论

虽然目前国家税权已经广泛渗透于社会生活的方方面面,但在一些特殊领域,其应当保持一种相当"谦抑"的状态,在征税方面作出必要的让步。值得指出的是,税法领域曾提出"课税禁区"的概念,其通常是指维持国民人性尊严的最低限度生存性财产不得成为课税对象,也即课税不能伤及"税本",避免"竭泽而渔"。❸ "课税禁区"的提出,显然是对国家税权的一种有力约束,防止因过度征税而损害纳税人的基本权利和经济的基本活力。然而,"课税禁区"理论强调的是禁止国家税权对某些领域的介入,并不足以

---

❶ 浙江省温州市中级人民法院联合课题组,潘光林. 论破产涉税若干问题的解决路径:基于温州法院的实践展开 [J]. 法律适用,2018 (15):56-66.
❷ 唐媛媛,王虹. 破产清算程序中的税收债权问题:基于破产法与税法的冲突 [J]. 税务与经济,2020 (4):63-70.
❸ 王婷婷. 课税禁区法律问题研究 [M]. 北京:法律出版社,2017:39.

解释国家税权在某些领域所作出的适当调整与让步，典型的即破产领域。在破产程序中，征税权力理应谨慎介入并作出必要调适，破产领域是一种"课税特区"而非"课税禁区"。所谓"课税特区"，是指税收制度的基本原理在适用于某些特殊领域时，应当作出特别调整，以充分保障纳税人的基本权利。❶

企业是相当重要的纳税主体，在这一方面，税法主要考量的是处于正常经营状态的企业。事实上，企业一旦进入破产程序，必然难以维持正常的经营状态，也就不具备基本的偿债能力，难以像正常经营的企业一样缴纳税款。因此，税法有必要对正常经营状态下的企业和已经进入破产程序的企业加以区别对待，这正是作为"课税特区"的破产程序的应有之义。然而，这也并不意味着进入破产程序的企业能够完全免除税收负担，因为"课税特区"理论还有一层关键意蕴，即在保障破产主体基本权利的同时兼顾国家的税收收入。由此可以认为，"课税特区"理论一方面旨在强调国家税权在破产领域的让步，另一方面要求税收债权的合理实现。在这一理论的宏观指导下，适用于破产领域的税收制度的实体规则与程序规则都需要作出特别调整。在实体规则层面，国家需要对处于"濒死状态"的破产主体给予一定的税收减免，以减轻破产企业的偿债压力，这要求国家针对已经进入破产程序的企业制定相应的税收优惠政策。在程序规则层面，国家应当在破产企业的税务注销、纳税申报、纳税信用修复等方面作出合理安排，构建有利于破产企业脱困的税收征管机制。此外，从法律的角度看，"课税特区"理论也在一定程度上调和了破产法与税法之间的价值冲突，有利于解决"法际融合"的问题。引申而言，税法与破产法的整合衔接需要确保法律之间的连贯性和系统性。通过健全破产税收相关的法律规则与程序，可以有效避免因法律规定模糊或冲突而导致的诉讼成本增加和法律实施困难。因此，构建一套既能够反映税法基本原则又能契合破产法基本理念的法律规范体系，是当前破产税收法理研究和立法改革实践中的重要课题。

---

❶ 徐阳光. 破产程序中的税法问题研究［J］. 中国法学，2018（2）：208-227.

二、利益均衡原则

破产制度中的利益主体无疑是多元的,从根本上看,破产是多元利益主体之间通过相互作用、相互协调,以一定形式实现各方利益最大化的过程。具体来说,相关利益主体包括债权人、债务人、出资人(股权持有人)、管理人、企业员工等。在破产程序中,这些利益主体有着共同的基本目标,更有着不同的价值诉求和偏好,例如,债权人希冀自身债权能够最大化受偿,破产企业及投资人则期待破产企业责任的豁免,❶因此,难免会出现利益冲突的情形。如何有效协调不同主体之间的利益博弈,优化利益分配格局,是破产制度必须始终面对和解决的重要问题。鉴于破产制度中利益主体多元化、利益关系复杂化的特点,强调利益均衡原则殊为必要。❷ 遵循利益均衡原则,也是处理破产涉税问题的前提条件,为此需要着重处理好以下两对利益关系。

第一,税务机关和破产主体(债务人)的利益关系。历史地看,破产立法经历了从单一的债权人本位主义到多元的利益主体均衡保护的理念变化。与之相应,在破产税收领域,在强调对国家税收债权加以实现的同时,也应当考虑破产主体的利益保护。债权人和债务人是破产程序中最重要的两方当事人,国家作为债权人之一,其债权请求权由税务机关代为行使。为保障国家税收利益,实践中税务机关可以申请企业破产。但需要强调的是,税务机关毕竟天然具有公权力性质,其在申请欠税企业破产的过程中必须慎之又慎。客观地讲,税务机关只有在纳税信用评级、联合惩戒和强制执行等措施已经穷尽的情况下,方可考虑是否提出破产申请。如此,既能够在一定程度上规避作为公权力的国家税权被滥用的风险,同时也是遵循破产税收中利益均衡原则的重要体现。

第二,税务机关和其他债权人的利益关系。一般而言,当破产企业未缴纳的税收与其他未偿债务同时存在时,税收债权优先于其他债权受偿,即税

---

❶ 陆晓燕,郁明明. 破产合规视角下重整投资人的利益保护[J]. 人民司法,2023(34):15-21.

❷ 王建平. 企业破产法上的利益平衡[J]. 人民司法,2006(11):14-18.

收债权通常具有一定的优先受偿性。税收是维系国家运转的主要物质基础，在现代社会，随着政府职能的广泛拓展，其所提供的公共产品和服务广泛延伸到经济生活的方方面面，因此对税收的依赖程度自然更高。在此情况下，如果不赋予税收债权以特殊的优先性，必然导致税款流失，从而直接影响政府供给公共产品和服务的能力。诚然，税收债权的优先级设置有利于保障国家的财政收入，从而保障政府履职所需的基本物质基础，但也可能引起其他债权人利益受损，尤其是普通债权人，会导致本应由债务人承担的税负不合理地转移给其他普通债权人。需要指出的是，在"服务型政府"理念已经被整个社会广泛接受的当下，国家越发注重对私人利益的保护，包括尽可能给予破产程序中的普通债权人更多保障。就此而言，需要通过精细化的法律规定和灵活的税收政策工具来实现税收债权与其他债权之间的利益均衡，避免国家税权的行使给私人经济利益带来不当影响。

三、保障生存发展权

在市场经济深入发展的今天，市场主体的"进"与"出"都是市场经济的重要组成部分。无论是在国内还是国外，市场主体的破产作为市场经济优胜劣汰的应有之义，业已发展成为常态化的市场退出机制。需要指出的是，传统破产制度较为强调对债权人的保护，因此通常采取"破产清算、一破到底"的处理模式。但需要强调的是，即使企业经营开始陷入僵局，也并不意味着会直接走向真正意义上的破产结局——破产清算，还应当持续注重保障企业的生存发展权，给予其争取复苏重生的机会。企业生存发展权的核心要义在于，其一旦有效成立，就有权免于在缺乏法律依据并遵循法定程序的情况下被随意解散、清算和注销。❶从法律规定上看，《民法典》第206条也明确了市场主体的生存发展权，即"国家实行社会主义市场经济，保障一切市场主体的平等法律地位和发展权利"。同样，在处理破产涉税问题时，亦应

---

❶ 刘俊海. 论公司生存权和发展权原则：兼议《公司法》修改 [J]. 清华法学，2022（2）：6-22.

当充分尊重与保障企业的生存发展权，促进企业维持生存与可持续发展。

在整个破产程序中，与企业生存发展权保障联系最为密切的当数破产重整，破产重整的价值就在于促进企业涅槃重生。❶ 破产重整计划可以由法院强制批准，体现出强烈的国家干预色彩。❷ 值得一提的是，税收政策同样是国家干预和调节经济的重要手段，而出于保障企业生存发展权的考虑，税收干预的范围和力度应当受到严格的限制。同时，为了帮助企业破产重整成功，需要为其营造良好的税收环境。目前，国家针对企业破产重整出台了一系列税收政策，涉及增值税、企业所得税、土地增值税、契税等。以增值税为例，纳税人在资产重组过程中，通过合并、分立、出售、置换等方式，将全部或者部分实物资产以及与其相关联的债权、债务和劳动力转让给其他单位和个人，不属于增值税的征税范围，其中涉及的货物、不动产、土地使用权转让行为，不征收增值税。此外，在具体程序方面，应当充分优化破产重整方面的税收征管流程，完善涉税事项的办理权限、政策咨询等业务。而且，还应当建立起统一协调的府院联动机制，加强税务机关与人民法院在企业破产重整涉税事项上的合作，建立起常态化的信息共享机制。从现实情况看，我国各地正积极探索"税务+法院"联动合作模式。例如，2020 年上海市高级人民法院与国家税务总局上海市税务局联合印发的《关于优化企业破产程序中涉税事项办理的实施意见》（沪高法〔2020〕222 号），有效支持了企业破产重整工作。

---

❶ 王欣新. 破产法前沿问题思辨：上册 [M]. 北京：法律出版社, 2017: 211.
❷ 陈英. 普通债权人在重整程序中的法律地位与立法规制重心研究 [J]. 西部法学评论, 2012 (6)：89-94.

第三章
破产程序中税收债权优先权的法律冲突与路径选择

第一节 税收债权优先权的法律冲突

"税收债权优先权"这一概念指的是税收债权在债务人资产清算过程中享有优先受偿权,意味着税务机关的债权将优先于其他各类债权得到清偿。学者陈清秀阐述,税捐优先权原则规定,在税捐债权与其他债权相冲突时,税捐债权应优先获得清偿,其目的是保障国家税收能适时且有效地得到征收。❶ 依据在于,税捐旨在筹集资金以支持公共福利事业,具有显著的公共利益特性。相较之下,税捐债权缺乏即时等额清偿的可能,由此导致税捐债权实现存在更高的不确定性,这是承认税捐具有普遍优先权的基础。为此,实施税捐优先权制度被视为确保税捐债权得以有效保护的核心策略。目前,税收债权优先权在法律体系中的冲突主要体现为在不同司法区域内,税收债权在债务清算顺序中的优先级别存在明显的差异。

---

❶ 陈清秀. 税法总论[M]. 7版. 台北: 元照出版有限公司, 2012: 600.

一、税收债权优先权的法律依据

当前,我国法律体系中关于税收债权优先权的规定,主要体现在《税收征收管理法》《企业破产法》这两部核心法律之中。

根据《税收征收管理法》第45条,若税款形成早于纳税人以其资产设定担保或资产被留置之时,税收执行将享有优先地位,超越抵押权、质权与留置权的效力。该条款旨在确保国家税收权益得以及时、优先保护。该规定明确指出,债务清偿的优先顺序首先涵盖早于债务产生的税收债权,随后是担保物权。

根据《企业破产法》第109条,破产企业特定资产的担保权益持有者享有对该资产优先受偿的权利。在破产案件中处理债权清偿时,应首先保护破产企业员工权益,具体涵盖员工工资、医疗与伤残补助、抚恤金及应当划入职工个人账户的基本养老保险与基本医疗保险费用,此外,还包括向员工支付的补偿金。其次,须清偿破产人欠缴的除前项规定以外的社会保险费,并处理非优先级税款。最后,清偿其他债务。对于余下资产,其应当用于清偿普通破产债权,以此建立原则性体系,确保不同债权人的权益得以合理与公正地分配。该规定确立了破产债权清偿顺序的基础,明确指出在破产程序中,破产人所欠税款应排在担保权益、破产费用、共同利益债务以及员工债权之后,优先于普通破产债权受清偿。

二、税收债权优先权的清偿顺位冲突

《税收征收管理法》与《企业破产法》中关于税收债权优先权的规定存在不一致之处,这反映出两部法律在立法目的与基本原则上的显著区别。《税收征收管理法》的主要目标在于建立一套严谨的税收管理架构,以标准化税款的收取与支付程序,确保国家财政收入的稳定性,同时保障纳税人的合法权益,从而支持经济和社会的持续发展。《企业破产法》着重建立企业破产处理的体系,旨在公正地解决债权债务问题,确保债权人和债务人的权益得到保护,从而推动社会主义市场经济的健康发展。进一步讲,税法与破产法之间存在理念冲突，其根源在于两者所属法域属性的本质不同，即公法与私法理论范畴的差异。国家税务总局为明晰两类不同情况下的征税细则，发布了《国家税务总局关于税收征管若干事项的公告》（2019年第48号，简称48号公告），旨在全面规范相关操作。官方声明阐述，依据《企业破产法》，税务部门需按照法定程序实施税款申报，此措施旨在确保所有债权人权益的公平保护，并推动市场体系的稳定与繁荣。

无疑，中国税收法律体系着重于保护常态运营下纳税人的权益，缺乏对破产企业税务政策的详细规定。《企业破产法》为陷入财务困境的企业建立了一套特定法律框架，其目标在于通过标准化流程解决债务问题，保障债权人利益，同时推动经济资源有效重组与市场公平竞争。《税收征收管理法》第45条的核心在于确立税收优先权的法律基础，但在实践运用中，该条款涉及对担保物权、非担保债权、罚款等不同种类债权间相互关系的复杂调整，未设专门豁免条款。《企业破产法》作为专门立法，主要针对陷入困境的企业及其债权债务关系，确立了特定的规则与指导方针。税收优先权，作为优先权的一种特定类型，其特征不涉及对债务人特定财产的专属优先设定，与担保物权的基础特性有所区别。在破产法律体系中，该权益并未被识别为一种优先特权层级，而是在优先权序列中通常排在担保权益之后，这反映出其不具备相对于担保权益的特别优先性。根据《企业破产法》，特定级别的优先债权在破产清算过程中享有优先清偿权，此类型债权的范畴由法律规定，并特别包括《企业破产法》第132条所界定的职工债权，以确保此类债权在所有债权人中的优先地位，此规定旨在维护劳动者的权益。

基于目的论解析，《企业破产法》赋予税收债权优先地位并排除担保物权的规定，实质上是对现行优先权制度的例外修正，其核心目的在于强化对其他债权人利益的保护，这一做法凸显了"不与民争利"的根本原则。基于其固有的执行力度与先于无担保债权受偿的法定特权，特别是在税款产生前担保物权尚未设立的情况下，破产程序外税收债权理论上优先于担保物权得到清偿，确保其优先实现。若债权人于权利执行环节表现出消极与懈怠，实则主动放弃了其应得利益，在破产流程中不应提供额外的特别保护措施。

第二节 我国学界对税收债权优先权的路径分歧：废除、保留、限缩

学界对税收债权优先权何去何从的观点不一，主要可以概括为废除、保留、限缩三种。

在此情境下，承担国家税收征管职责的税务部门理应具备税收债权人地位，对长期处于停业或停产的欠税企业，依法享有向法院提出破产申请的权利。此举旨在保护税收债权的优先权，确保税款的及时收缴，并通过市场化清算机制实现经济资源的高效配置与优化。针对企业破产过程中的税务管理，税务部门须依法履行征税职责，并向法院提交申请，以确保税收债权优先受偿，从而实现从破产资产中及时回收。具体而言，在企业破产程序中产生的税收义务与企业常态运营下的税收责任相等，均须在交易执行时即时履行纳税义务。若未将此类税费视为破产费用，则可能对国家及公共利益造成显著损害。在破产程序终止后，税务机关依法享有向责任出资人及担保人提出民事诉讼或实施强制执行的权利，以追索其法律责任，并有权请求法院对后续查明的纳税人财产进行追加分配。

在学术界，熊伟、王宗涛提出全面废止通行的税收优先规则，并指出税收优先权的执行可能对市场交易安全产生显著影响。为保障税收安全而损害市场交易安全，势必造成不可小觑的损失。鉴于税收的核心目标是支持公共利益，尽管公共福祉并不应完全超越个人权利，当两者产生冲突时，应寻求平衡，确保所有政策制定均需在维护个体权益的同时进行，以防止对公共利益的绝对优先性产生无限制倾向。鉴于税收固有的不确定性，税收债权相较于私法债权已获得更广泛的保护。在此情境下，额外赋予税收优先权并非紧迫需求。❶ 学术界对税收优先权设立所依循的公益原则持有不同观点，部分

---

❶ 熊伟，王宗涛. 中国税收优先权制度的存废之辩 [J]. 法学评论，2013（2）：47-54.

学者质疑税收活动的根本属性是否确为公益性质。最初，该制度被视作一种特权手段，旨在允许统治阶层不劳而获地剥削下层民众，凸显了权力与利益分配的不均等性。自18世纪社会契约论问世以来，税收与公共利益间的关联得以确立，然而，国家起源基于社会契约理论的观点常被视为一种信念。基于社会契约论与税收国家理论的审视，税收债权的解析需在税法框架内深植民主、平等及法治等现代理念的核心要素，并相应地摒弃传统税收债务优先权观念，以促进税法思想与现代社会价值的有机融合。❶ 核心议题在于，公共福祉是否应优先于个人权益？基于我国实践经验，在个人利益与国家利益之间的考量中，公益性未作为核心信仰之前，国家利益不应被默认优先于个人利益。对税收优先权设立依据的风险性议题，其合理性和适用性须进行深入探讨与评估。另外，税收常被视作一种无对价的债务表现形式，相较于私法范畴内的债权，其执行的确定性和可靠性可能相对逊色。税收债权的独特性在于其源自代表国家意志的行政机关——税务局，与基于个体或私法主体的私法债权相比，展现出本质差异。私法债权的权益、义务及其执行程序与税收债权明显不同。税务局享有行政执法权限，包括执行行政强制与实施行政处罚，有效应对税收征管中的潜在问题。同时，针对纳税人可能通过恶意设立担保物权来规避缴税的行为，税务机关可以采取税收保全措施予以应对。《企业破产法》亦特设撤销权机制，确保税收债权能在破产清算过程中得到妥善处理。因此，现有法律框架为防范纳税人恶意担保行为、保障税收债权的实现提供了充分的制度支持。关键的是，政府的社会管理架构几乎全面渗透至纳税人的日常生活，纳税人面对的不仅是税务部门，而是整个政府体系的整体运作。当纳税人未尽纳税责任时，税务机关可通过行使行政权力的途径，解决与纳税人之间存在的信息不对称问题。税收优先权制度设计的核心目标在于保障税务机关依法、高效执行税款征收，确保税款及时入库，这一机制不仅彰显了国家行使公共权力的基本方式，还是维护国家财政利益

---

❶ 巫文勇. 金融机构破产中税收债务优先清偿规则的反思与修正［J］. 税务研究，2014（4）：66–70.

的核心机制。核心原则在于平衡纳税人与国家的财产权益,法律确立了税收债权在特定情形下优先于其他债权的原则,旨在保障公共财政的稳定与安全。从法学理论审视,税收优先权并非固有的不变法则,其地位并非理所当然的制度基石。

杨亮主张,应秉持立法初衷,维护既有的税收优先地位。❶ 根据《税收征收管理法》第45条,税务机关在税收管理范围内拥有专属性权力,其中特别包括在特定情境下,税收债权优先于担保物权的地位,此制度安排旨在保障国家税收的有效执行及优先清偿,需得到恰当维护与施行。在法律体系中,若担保物权被赋予无条件优先于税收债权的地位,可能促使企业减少对《税收征收管理法》规定的遵循,试图将税收风险转嫁给国家,此举明显偏离了立法本意,其目的在于确保税法秩序与公平性。各级税务机关依据法定权限,应主动参与破产程序,以确保国家税收权益的有效保护和实现。在实践中,特定类型的企业,即那些持续处于停产或停业状态且存在未缴税款情况的企业,其劳动债权、税收债权及社会保险债权因其在破产清算程序中的优先受偿权特性,成为关注焦点。此类情况常致债务清偿完毕后企业资产匮乏,进而导致企业无动力申请破产程序。在此情境下,承担国家税收管理职责的税务部门应具有税收债权人的地位,针对长期陷于停业或生产停滞的欠税企业,应依法享有向法院申请破产的能力,以此维护税收债权的优先权,保障税款的及时收回,并借助市场清算流程实现经济资源的高效分配与优化。针对企业在破产期间的税务管理,税务部门须依法行使征税职权,并向人民法院提交申请,以确认税款作为破产费用,从而实现从破产财产中随时清偿。具体而言,企业在破产阶段产生的税费债权与正常经营状态下的税费负担具有同等性质和清偿顺位,要求在交易发生时随时清偿。未将此类税费列为破产费用,将对国家与公共利益造成严重损害。在破产程序终结后,税务机关依据法律规定,可通过民事诉讼程序或采取税收强制执行措施,向未履行出资义务的出资人及担保人行使追索权。此外,税务机关可向法院申请,对后续发

---

❶ 杨亮. 破产程序中税收优先权的捍卫和思考[J]. 税务研究, 2020 (8): 85–89.

现的纳税人财产进行追加分配。

余冬生、朱庆提议对税收债权的破产优先权进行限制性修订，来调和公共利益与私人权益的矛盾，以促进公债与私债在破产清算时的公正分配。❶作为法定债权，税收债权兼具强制性和公共性质，其优先权机制在维护国家财政权益时，亦遭遇与私法债权相抵触的实际挑战。在企业破产程序中，税收优先权与担保债权人权益间存在冲突，若前者享有绝对优先权，可能损害弱势债权人的利益，这与破产法确保债权人公平受偿的原则相悖。理论上，利益均衡原则及课税特区理论为此次改革提供了理论基础。利益平衡法则旨在调和国家税务收益与个人财产权利之间的关系，防范公共权力不当扩张而压缩私人权益空间。课税特区理论主张，在特定破产情境下，税务部门应适度限制其权力，灵活调整常规税收法则，以税收优先权的让步为手段，确保破产机制的有效运作。两大理论聚焦共同目标，在确保税收法定原则的前提下，致力于构建公私利益的动态均衡体系。在实际经济背景下，限制税收优先权与现行经济策略相一致。中国持续推动减税降费措施，旨在通过完善税制来激发市场主体的活力。限制税收债权的优先性能够减轻破产企业的清算负担，同时提高其他债权人的偿付比率，特别是对保护员工这类弱势群体的债权利益，展现出显著的价值。此举措旨在减轻企业债务压力，防止过重税收加重运营负担，顺应改善商业环境的战略目标。在具体制度建设方面，专家建议采取三项改革策略：首先，坚持破产法的核心原则——公平清偿，不再将税收债权视为绝对优先的债权；其次，实施"时间点加金额"的双层限制机制，限定优先权范围为破产程序启动前的特定时期内，且须满足法定条件的税款债权；最后，规定仅税款本金具有优先受偿的资格，排除滞纳金与罚款等衍生债务的优先地位。此逐步改革策略既保障了税务管理职能的延续性，亦有效防范了公权力对破产资产分配的不当干涉。在税收优先权争议的解决中，采取了折中策略，该策略通过适当降低权力层级，既认可

---

❶ 余冬生，朱庆. 税收债权破产优先权限缩论：理论依据、现实基础与制度设计 [J]. 税务与经济，2022 (4)：49-56.

税收的公共利益性质，又防止公权力过度干预私权，由此提供了一种有效的方法来应对破产清算顺序的挑战。该制度调整旨在构建财政权益保障与商业信誉维护间的动态均衡，既体现了对税收法定原理的尊重，又展现了破产法规则在公正维护多重利益方面的内在逻辑，最终促成公法与私法价值的有机统一。

第三节　域外税收优先权立法启示

破产程序中的税收优先权问题是一个兼具法律复杂性与社会敏感性的议题。其核心争议在于国家税收利益与普通债权人权益之间的平衡，这一矛盾在我国现行法律框架下尤为突出。如何进行税收优先权制度改革，关键在于在保障财政安全与优化营商环境之间寻求动态平衡，在这一方面，需要关注域外相关立法实践。

优先权是特殊债权人所享有的一种优先受偿的权利，其可追溯至罗马法。[1] 在破产程序中，征税机关面对的是破产企业及其债权人，当然也包括担保债权人、普通债权人、职工债权人、侵权债权人等。这种复杂性决定了税收优先权在不同法域的立法实践中存在显著差异，但总的来看，近年来则出现逐渐式微的倾向。《美国破产法典》将税收债权分为优先债权和普通债权，优先部分是破产法赋予特殊地位的债权，例如，特定的税收和破产程序的费用，享有优先于普通无担保债权的地位，而滞纳金、罚款等则列为普通债权。在此情况下，税收优先权被严格限制在特定税种和时限内，且须与其他优先债权（如职工工资）竞争受偿顺序。德国是正式在破产法中废除税收优先权的国家之一，其立法逻辑强调的是债权人平等原则，避免公权力过度干预私权债务清理。但值得注意的是，德国法中有一些条款允许税务机关全额清偿税收债权，或者至少高于按平等原则应分配的比例，这类规定被称为

---

[1] 解志国. 民法上优先受偿权的几个问题［J］. 法商研究，1997（5）：26–31.

"后门"税收优先权。[1]《日本公司更生法》保留税收优先权，但仅限破产程序启动前6个月内的部分税款，且劣后于职工债权。这是通过缩短优先权适用期限来逐步弱化税收特权。

在破产程序中，税收作为公共债权，不应通过优先权挤压私权主体的受偿空间，否则会抑制市场信用体系发展。现代破产法更强调对各类债权人（包括商业债权人、职工）的公平对待，避免公权力扭曲市场秩序。弱化税收优先权有助于提升破产程序的市场化程度，吸引更多私人资本参与企业拯救。《企业破产法》仍保留税收本金优先权（劣后于职工债权），但国际趋势显示，未来改革或需进一步限缩税收优先权范围（如区分税种、缩短优先期限），以提升破产制度的国际竞争力。

第四节　税收债权优先权的路径选择与立法建议

一、明确法律位阶与规范协调机制

（一）确立《企业破产法》的优先适用地位

依据特别法优于一般法的原则，在破产程序的背景下，《企业破产法》作为专门针对企业破产情形的特别法，其规定应优先于《税收征收管理法》中的一般性税收征收条款。建议通过司法解释或立法修改明确：企业破产程序启动后，税收债权的优先偿付顺序应严格依据《企业破产法》第113条的规定，即在所有债权中，税收债权位于担保物权、破产费用、共益债务以及职工债权之后，确保债务重组过程中的公平与效率。根据《立法法》第103条所确立的特别法优于一般法的原则，针对《税收征收管理法》第45条与

---

[1] DURRSCHMIDT D. Abolition of tax priorities in Germany: A myth? [J]. International Corporate Rescue, 2005, 2 (5): 227-233.

《企业破产法》之间的冲突，应优先遵循特定于破产领域的规定，以此实现法律间的协调与一致。

（二）制定跨部门法的衔接条款

修改《税收征收管理法》，增加"企业破产程序中的税收债权处理"这一例外情形的处理方式，指明此时税收债权的清偿顺位以《企业破产法》的规定为准。限缩《税收征收管理法》第45条的适用场景为一般税收征管，不包括破产程序，以避免法律适用冲突。

二、限缩税收优先权的适用范围

（一）明确优先权行使的法定条件

保留《税收征收管理法》第45条关于税收债权与担保物权顺位的基本规则，但须通过司法解释明确其适用边界：一是时间节点认定标准化。税收债权"发生时间"应以纳税义务的法定产生时点（如应税行为完成日、纳税申报截止日）为准，而非税务机关作出征税决定的时点。担保物权的设立时间则以登记公示完成日为准，避免因行政程序延迟导致权利冲突。二是对例外条款的补充。对已依法公示的担保物权，若纳税人通过关联交易、虚假债务等方式恶意逃避税收，税务机关可依据《企业破产法》第31~33条行使撤销权，而非直接主张税收优先权。

（二）建立善意第三人保护机制，强化公示对抗效力

担保权人通过不动产登记系统、税务部门公示平台等渠道查询确认无在先欠税记录后设立的担保物权，应优先于后续补征的税收债权。税务机关未履行欠税信息公示义务的，不得以税收优先权对抗善意担保债权人。同时，信息共享责任倒置，要求税务机关将欠税信息实时推送至动产融资统一登记公示系统、征信系统等平台，未及时录入导致担保权人无法获知欠税信息的，税收优先权效力劣后于担保物权。

三、完善欠税信息公示与协同治理体系

（一）构建全流程数字化公示机制

将强制公示义务法定化，修改《欠税公告办法（试行）》，明确税务机关须在欠税行为发生之日起 30 日内，通过国家企业信用信息公示系统、税务门户网站及省级政务平台同步公示欠税明细（含税种、金额、发生时间），未履行公示义务的税收债权自动丧失优先对抗效力。依托动产融资统一登记公示系统建立税收优先权登记模块，要求税务机关对主张优先权的税收债权完成在线登记，市场主体可通过统一平台实时核验企业欠税状态，未经登记的税收债权不得对抗已尽到合理审查义务的担保权人。

（二）建立跨部门数据穿透式监管网络

打通政务数据壁垒，强制税务部门、市场监管部门、不动产登记部门、法院执行部门等系统实现应用程序编程接口（API）互联，确保企业欠税信息、资产抵押登记数据与破产程序进展实时共享，建立"欠税－担保－破产"三位一体的风险预警机制。嵌入金融风控刚性规则，在央行征信系统及商业银行信贷审批流程中增设税收优先权查询节点，要求金融机构办理抵押贷款时强制调取借款人税收优先权登记记录，未履行查询义务的视为存在重大过失，丧失主张善意第三人地位的权利。

（三）强化履职问责与协同治理

实行过错推定责任。对因税务机关未及时公示或错误登记欠税信息导致税收优先权落空的，直接推定相关责任人存在履职过失，由上级税务机关启动专项督查并纳入绩效考核。构建税银破产联动机制，赋予税务机关对存在恶意转移资产、虚增债务等逃税行为的企业强制申请破产的权限，联合国家金融监督管理总局设立"税收债权保障基金"，对因企业破产无法追缴的税款损失提供应急偿付，资金来源于税收违法案件罚没款专项提存。

第五节 案例分析

一、绍兴金宝利纺织有限公司债权纠纷案

(一) 案情简介❶

绍兴金宝利纺织有限公司（以下简称金宝利公司）于 2014 年 9 月 28 日开始破产清算，之后中国农业银行股份有限公司绍兴越城支行（以下简称农行越城支行）向破产管理人申报了 1410 万元的担保债权。后续破产管理人经审核认定农行越城支行的债权为担保债权，但同时指出绍兴市柯桥区国家税务局（以下简称柯桥区国税局）的 3741 万余元税收债权在破产清偿中优先于农行越城支行的担保债权。对此，农行越城支行表示异议，认为其担保债权应优先于税收债权。柯桥区国税局则坚持认为其税收债权优先，理由是税收债权的发生时间早于担保债权的设立时间。一审法院根据税收债权优先的原则作出判决，认为税收债权应优于抵押担保权受偿，但农行越城支行不服，提起上诉。二审法院认为，在破产程序中应优先适用《企业破产法》的相关规定，判定农行越城支行的担保债权应优先受偿，从而撤销了一审判决，支持了农行越城支行的上诉请求。

(二) 争议焦点与法院判决

1. 争议焦点

(1) 破产程序中，《企业破产法》《税收征收管理法》中税收债权与其他债权的清偿顺序的冲突与协调。该案一审法院认为，税收债权应优先于担保债权，适用了《税收征收管理法》，认为税收债权的发生时间早于担保债权的设立时间。然而，农行越城支行认为《企业破产法》应优先适用，认为

---

❶ 浙江省绍兴市中级人民法院（2017）浙 06 民终 1119 号民事判决书。

其担保债权应在破产程序中优先于税收债权受偿。二审法院支持了农行越城支行的观点，认为《企业破产法》作为特别法应优先适用。

（2）破产程序中银行担保债权与税收债权就抵押物变价款受偿顺序问题。该案中，银行与税务机关就税收债权和担保抵押债权的产生时间产生了争议。农行越城支行主张税收债权产生的时间应在公示日以后对社会公众来说才最公平，按照此种说法，两笔税款的税收债权产生于2012—2014年。柯桥区国税局主张税收债权的发生时间应根据纳税义务的发生时间来确定，系法定时间，发生时间在2006—2010年，主张根据《税收征收管理法》，发生在前的欠税先于抵押权清偿。

2. 法院判决

对该案的争议焦点问题，一审和二审法院作出了完全不同的判决。在绍兴市柯桥区人民法院一审中，法院认为在法律适用性上，《企业破产法》第113条规定的担保债权优先于税收债权的破产债权清偿顺序与《税收征收管理法》第45条的税收债权优先于抵押权的规定不存在本质冲突，理由是《税收征收管理法》第45条明确"税务机关征收税款，税收优先于无担保债权"，且"纳税人欠缴的税款发生在纳税人以其财产设定抵押、质押或者纳税人的财产被留置之前的，税收应当先于抵押权、质权、留置权执行"。法院根据以上规定，认为税收债权应优先于担保物权受偿，判决支持了柯桥区国税局的主张，认为税收债权发生的时间应当作为确定优先顺序的依据。由于税收债权发生的时间早于担保物权，即便农行越城支行在抵押物上享有担保物权，税收债权也应优先于担保物权受偿。

二审浙江省绍兴市中级人民法院认定，《企业破产法》与《税收征收管理法》存在冲突。法院指出，《税收征收管理法》调整的是全体纳税人的税款征缴事项，因此法律中规定的清偿顺序问题适用于正常情况和企业破产情况，而《企业破产法》第109条、第113条的规定范围仅限于企业破产情况下的债权清偿问题，调整范围要小于《税收征收管理法》，属于特别规定。根据《立法法》（2015年版）第92条规定，同一机关制定的法律，特别规定与一般规定不一致的，适用特别规定，因此在本案中，根据特别法优于一般法的规则，应优先适用《企业破产法》中的规定，即农行越城支行有抵押担保的债权，就抵押物而言应当优先于柯桥区国税局主张的税收债权清偿，税收债权产生时间与抵押权设立时间的先后顺序对此并无影响，二审也并未对税收债权和担保抵押债权的产生时间进行再界定。

（三）思考与启示

该案是税收债权和有抵押担保的债权在破产程序中的优先顺序引发法律冲突的案例，根据《企业破产法》的规定，担保债权应优先于普通债权和税收债权受偿，而《税收征收管理法》则规定，在某些情况下税收债权优先于担保债权。法院在审理本案时，面对这两个法律条文的冲突，最终根据特别法优于一般法的原则作出判决，维护了担保债权人的合法权益。

通过该案，法院明确了破产程序中税收债权与担保债权的优先顺序问题，并强调了《企业破产法》对债务清偿顺序的规定，尤其是在抵押担保债权优先的情况下，如何平衡各方利益。在类似案件中，法院将更侧重于维护债务人财产清偿的整体公平性，并基于破产法的原则来作出判断，而不是简单地偏向任何一方。这也提醒我们，在面对法律冲突时，要正确适用法律条文，依靠司法解释来明确优先顺序，确保破产程序顺利推进。这种判决路径为未来类似案件提供了参考，表明在破产清算过程中，税收债权和担保债权的冲突需要依据具体情况进行合理解释与平衡。

二、福建晋江农村商业银行股份有限公司梅岭支行与国家税务总局泉州市泉港区税务局执行分配方案异议之诉案

（一）案情简介❶

福建省万江服装股份有限公司（以下简称万江公司）以其厂房及土地为抵押向福建晋江农村商业银行股份有限公司梅岭支行（以下简称农商行梅岭支行）借款，后因债务违约，抵押物被法院拍卖。国家税务总局泉州市泉港区

---

❶ 福建省泉州市泉港区人民法院（2021）闽0505民初2086号民事判决书。

税务局（以下简称泉港区税务局）主张对万江公司 2016—2017 年欠缴的税款 349 万余元享有优先权，要求从拍卖款中优先受偿。法院原分配方案认定税收债权优先于抵押权，农商行梅岭支行认为税收债权成立时间晚于抵押登记且未依法公告，主张其抵押权应优先，遂诉请撤销原分配方案。法院判决撤销原分配方案，由执行机构重新制定方案，驳回农商行梅岭支行其他诉讼请求。

（二）争议焦点与法院判决

1. 争议焦点

该案的争议焦点：一是欠税公告是否构成税收优先权的对抗要件。税务局主张税收债权形成于抵押登记前，应优先受偿；农商行梅岭支行抗辩称税务局未依法公告欠税，未履行告知义务，善意抵押权人的权益应受保护。二是税收优先权与抵押权的冲突规则的理解适用。《税收征收管理法》第 45 条要求税收优先权以税款发生时间早于担保物权的设立为前提，但未明确欠税公告是否影响优先权的对抗效力。三是税务机关参与企业法人执行分配的合法性。农商行梅岭支行主张企业法人的财产不足以清偿时应适用破产程序，税务机关无权直接参与执行分配。

2. 法院判决

法院强调税务机关未依法定期公告欠税，违反《欠税公告办法（试行）》，丧失对抗善意第三人的权利基础。税收优先权的行使须以履行公告义务为前提，程序瑕疵导致其效力劣于抵押权。税务机关未提供执行依据，程序存在瑕疵，但鉴于分配方案已实际损害抵押权人的权利，法院依法撤销原分配方案并责令重新作出分配。

（三）思考与启示

该案暴露了欠税公告制度存在三大漏洞：其一，税务机关公告执行不规范，未按《欠税公告办法（试行）》定期公开欠税信息，导致第三人无法查询；其二，法律未明确欠税公告对税收优先权效力的影响，导致司法裁判标准不一；其三，欠税信息与不动产登记、信贷征信系统未联动，善意第三人交易风险难以规避。该案通过司法裁判强化了欠税公告的程序价值，提示税务机关须以公示公信保障交易安全，同时为立法完善提供了实践样本。

第四章
破产程序中旧税收债权的规范分析

第一节 "所欠税款"的范围和税法规定

一、"所欠税款"的范围

《企业破产法》第 113 条第 1 款规定："破产财产在优先清偿破产费用和共益债务后，依照下列顺序清偿：……（二）破产人欠缴的除前项规定以外的社会保险费用和破产人所欠税款；……"除了《企业破产法》，其他法律中也出现了"所欠税款"的说法，如《公司法》第 234 条规定"清算组在清算期间行使下列职权：……（四）清缴所欠税款以及清算过程中产生的税款……"《民法典》第 43 条第 2 款中的"失踪人所欠税款、债务和应付的其他费用，由财产代管人从失踪人的财产中支付"等，但这些规定都只是提及，并未就"破产人所欠税款"的内涵及范围予以明确。

学术界有关欠税的定义也较为混乱，未能明确界定具有税收优先权的"所欠税款"的判断标准，相关理论研究也未得出一致结论。实践中，不同机关之间认定意见也存在分歧，如税务机关倾向认定税款本金、滞纳金都属于"所欠税款",❶应予优先清偿,法院则仅认可税款本金,滞纳金以破产受理时间为限,在先则认定为普通债权,在后则不认定为破产债权。❷除"滞纳金"外,"须返还税收优惠"在法律实务中也有案例,一审和二审法院均认定"须返还税收优惠"属于欠税,应优先受偿。❸"所欠税款"范围界定的争议,不仅会引发公众对法律适用的疑惑,也将增加市场交易的不确定性,增加交易风险,降低交易积极性。

二、"所欠税款"的税法规定

税法体系内"所欠税款"也被称为"欠税""欠缴税款""欠缴的税款"等。作为在税法领域具有最高效力的法律——《税收征收管理法》及其实施细则,其中提及相关概念的条款有"第四十四条 欠缴税款的纳税人或者他的法定代表人需要出境的,应当在出境前向税务机关结清应纳税款、滞纳金或者提供担保。未结清税款、滞纳金,又不提供担保的,税务机关可以通知出境管理机关阻止其出境""第四十五条第二款 纳税人欠缴税款,同时又被行政机关决定处以罚款、没收违法所得的,税收优先于罚款、没收违法所得""第六十五条 纳税人欠缴应纳税款,采取转移或者隐匿财产的手段,妨碍税务机关追缴欠缴的税款的,由税务机关追缴欠缴的税款、滞纳金,并处欠缴税款百分之五十以上五倍以下的罚款;构成犯罪的,依法追究刑事责任"。

其他体现"所欠税款"及相关表述的税法文件有《欠缴税金核算管理暂

---

❶ 《国家税务总局关于税收优先权包括滞纳金问题的批复》(国税函〔2008〕1084号)。该批复指出按照《税收征收管理法》的立法精神,税款滞纳金与罚款两者在征收和缴纳时顺序不同,税款滞纳金在征缴时视同税款管理,税收强制执行、出境清税、税款追征、复议前置条件等相关条款都明确规定滞纳金随税款同时缴纳。

❷ 《最高人民法院关于税务机关就破产企业欠缴税款产生的滞纳金提起的债权确认之诉应否受理问题的批复》(法释〔2012〕9号)。该批复规定破产企业在破产案件受理前欠缴税款产生的滞纳金属于普通破产债权,受理后因滞纳税款产生的滞纳金不属于破产债权。

❸ 国家税务总局张家港市税务局与苏州盛隆光电科技有限公司管理人合同、无因管理、不当得利纠纷案,江苏省张家港市人民法院(2019)苏0582民初5939号民事判决书;苏州盛隆光电科技有限公司与国家税务总局张家港市税务局破产债权确认纠纷案,江苏省苏州市中级人民法院(2019)苏05民终9162号民事判决书。

行办法》(国税发〔2000〕193号)、《国家税务总局关于应退税款抵扣欠缴税款有关问题的通知》(国税发〔2002〕150号)、《国家税务总局关于进一步加强欠税管理工作的通知》(国税发〔2004〕66号)、《国家税务总局关于应退税款抵扣欠缴税款有关问题的公告》(国家税务总局公告2013年第54号)、《欠税公告办法(试行)》、《国家税务总局关于税收征管若干事项的公告》(国家税务总局公告2019年第48号)、《纳税担保试行办法》(国家税务总局令第11号)等。

截至目前,国家税务总局关于破产涉税征管方面最完整、最前沿的文件当数48号公告,即《国家税务总局关于税收征管若干事项的公告》。该公告第1条规定:"本条所称欠税,是指依照《欠税公告办法(试行)》(国家税务总局令第9号公布,第44号修改)第三条、第十三条规定认定的,纳税人、扣缴义务人、纳税担保人超过税收法律、行政法规规定的期限或者超过税务机关依照税收法律、行政法规规定确定的纳税期限未缴纳的税款。"是否欠税应以纳税期限为准,逾期未缴纳的税款即为欠税。该条款援引的《欠税公告办法(试行)》第3条,详细列举了五种欠税情形,具体包括:"(一)办理纳税申报后,纳税人未在税款缴纳期限内缴纳的税款;(二)经批准延期缴纳的税款期限已满,纳税人未在税款缴纳期限内缴纳的税款;(三)税务检查已查定纳税人的应补税额,纳税人未在税款缴纳期限内缴纳的税款;(四)税务机关根据《税收征管法》第二十七条、第三十五条核定纳税人的应纳税额,纳税人未在税款缴纳期限内缴纳的税款;(五)纳税人的其他未在税款缴纳期限内缴纳的税款。税务机关对前款规定的欠税数额应当及时核实。本办法公告的欠税不包括滞纳金和罚款。"上述五种情形涵盖了所有明确列举的应缴未缴的欠税情形,并且提供了应对未来可能存在的未在税款缴纳期限内缴纳税款的兜底条款。

在破产程序中最为常见的欠税也即第一种,破产企业长期经营困难或管理不善,资不抵债、现金流断裂,导致长期拖欠税款。这类欠税的特点为金额大、涉及税种多,且可能因滞纳金累积而加重债务负担。也有众多破产企业欠税属于税务检查补税未缴的情形。如因企业偷漏税,税务机关已启动稽查程序，但直至破产时仍无力补缴。此类欠税可能涉及罚款，但罚款在破产清偿中劣后于普通债权。还有企业欠税属于核定税款未缴的情形，因企业财务混乱或资料缺失，税务机关直接核定税额。破产程序中涉及的欠税成因多样，不能一概而论，管理人应当全面核查税务资料，与税务机关充分沟通，仔细区分欠税的产生时间，确认相关款项是否具有优先权。

第二节　破产程序中的税款滞纳金制度

尽管《税收征收管理法》第 32 条明确了自滞纳税款之日起每日按万分之五计征滞纳金的规定，然而对由此产生的欠缴税款的滞纳金是否被视为破产债权，法律上并未给出清晰界定，这在实际操作中造成了理解与应用的不一致。

税收滞纳金受偿规则主要为：《国家税务总局关于税收优先权包括滞纳金问题的批复》（国税函〔2008〕1084 号），该批复认为"按照《中华人民共和国税收征收管理法》的立法精神，税款滞纳金与罚款两者在征收和缴纳时顺序不同，税款滞纳金在征缴时视同税款管理，税收强制执行、出境清税、税款追征、复议前置条件等相关条款都明确规定滞纳金随税款同时缴纳。税收优先权等情形也适用这一法律精神，《税收征管法》第四十五条规定的税收优先权执行时包括税款及其滞纳金"。据此，税务机关认为税款本金及滞纳金均应当申报破产债权并同时进行受偿。

然而，最高人民法院对此却持不同观点。《最高人民法院关于审理企业破产案件若干问题的规定》（法释〔2002〕23 号）第 61 条规定，人民法院受理破产案件后债务人未支付应付款项的滞纳金，包括债务人未执行生效法律文书应当加倍支付的迟延利息和劳动保险金的滞纳金，不属于破产债权。《最高人民法院关于税务机关就破产企业欠缴税款产生的滞纳金提起的债权确认之诉应否受理问题的批复》（法释〔2012〕9 号）规定："破产企业在破产案件受理前因欠缴税款产生的滞纳金属于普通破产债权。对于破产案件受理后因欠缴税款产生的滞纳金，人民法院应当依照最高人民法院《关于审理企业破产案件若干问题的规定》第 61 条规定处理。"也就是说，只有破产受理前已经计算形成的税款滞纳金可以作为普通债权受偿，破产受理后因欠缴税款产生的滞纳金不再作为破产债权处理，因而不属于普通债权。《最高人民法院关于适用〈中华人民共和国企业破产法〉若干问题的规定（三）》第 3 条规定："破产申请受理后，债务人欠缴款项产生的滞纳金，包括债务人未履行生效法律文书应当加倍支付的迟延利息和劳动保险金的滞纳金，债权人作为破产债权申报的，人民法院不予确认。"这沿袭了法释〔2012〕9 号批复精神，将破产受理时间作为划分滞纳金为普通债权或非破产债权的标准。2019 年 12 月，《国家税务总局关于税收征管若干事项的公告》（国家税务总局公告 2019 年第 48 号）中明确指出，破产清算程序中的税收滞纳金应在破产受理日停止计算。

至此，税务机关和法院基本达成共识——破产受理后的滞纳金不属于破产债权。税务机关未将破产受理后的滞纳金作为普通债权受偿，保障普通债权人的权益，更是彰显了"国家不与民争利"的态度。

实践中关于税收滞纳金不能超出税款本金、将破产受理前的滞纳金债权定性为普通债权均有相关案例。例如，国家税务总局南京市某区税务局诉南京某公司破产债权确认纠纷案❶作为最高人民法院入库案例，明确"税务机关加收的税款滞纳金不得超过税款数额。在破产程序中，税务机关申报的滞纳金超过税款数额的部分不能认定为普通债权"。国家税务总局南华县税务局与云南澜沧江酒业集团楚雄有限公司普通破产债权确认纠纷案❷中，税务机关请求将破产受理前的税款滞纳金确定为普通债权，法院审理认为税务机关主张破产案件受理前因欠缴税款产生的滞纳金，属于破产企业依法负担的债务，不属于《最高人民法院关于适用〈中华人民共和国企业破产法〉若干问题的规定（三）》第 3 条规定的不能确认为破产债权的情形，因而支持了

---

❶ 江苏省南京市中级人民法院（2023）苏 01 民终 6513 号民事判决书。
❷ 云南省楚雄彝族自治州中级人民法院（2023）云 23 民初 13 号民事判决书。

税务机关的诉讼请求。

本书认为，滞纳金不属于"所欠税款"，不应享有优先受偿权，理由在于：一是从法律文义上看，《企业破产法》第113条规定的"所欠税款"不包含滞纳金，若包含则应表述为"所欠税款及其滞纳金"或"税收债权"；且在相关法律中，滞纳金和税款本金往往并列称谓，并无统称。二是从法律性质上看，现有税款滞纳金具有较强的惩罚性，不宜纳入"所欠税款"范围适用税收优先权，也不宜将破产受理前的滞纳金简单认定为普通债权。税款滞纳金按照日万分之五的利率折合年利率计算，远高于全国银行间同业拆借中心受权公布的贷款市场报价利率（LPR），建议参考民间借贷利率（含逾期违约金）的司法保护上限4倍的贷款市场报价利率，将破产受理前的滞纳金中未超过4倍贷款市场报价利率的部分作为普通债权，超过4倍贷款市场报价利率的部分按照罚款、罚金劣后受偿。三是从法律价值上看，若将滞纳金视作"所欠税款"，有违公平原则。讨论滞纳金的受偿顺序需要重点考虑破产程序的特殊性，在企业破产、资不抵债或者现金流不足的情况下，可优先偿还的"所欠税款"更不应随意扩张，否则就会将对债务人的惩罚转嫁给全体债权人，这不仅与公平正义背道而驰，而且不能达到法律制裁的原有目的。

第三节　破产程序中的罚款、罚金清偿制度

广义的罚款是指行政机关针对违反行政法规的行为，人民法院针对扰乱司法秩序、妨害民事或行政诉讼的行为，对行为人作出的一种处罚措施。广义的罚金属于刑事处罚，是附加刑的一种；由人民法院在判处刑罚时，对犯罪分子单独或者附加适用。对应到破产程序中，罚款和罚金指企业在破产受理前因违法犯罪行为经税务机关、人民法院审查确认后需要接受的财产性质惩罚。虽然罚款和罚金性质不同，但是资金的最终流向都是从违法者到国库，违法者都因自身的不法行为受到处罚，因而在这一维度上两者的地位等同，

可以作为同一清偿顺位的款权。

清偿顺序的法定依据是《企业破产法》第113条，仅涵盖破产费用、共益债务、职工债权、税款和普通债权，未提及罚款、罚金等。结合《最高人民法院关于审理企业破产案件若干问题的规定》第61条规定的"行政、司法机关对破产企业的罚款、罚金以及其他有关费用"被明确列为"不属于破产债权"。这意味着此类债权不具备参与破产财产分配的资格，既不属于优先债权（如职工债权、税款），也不属于普通债权，在破产程序中无任何法定清偿顺位。尽管司法解释未明确罚款、罚金的劣后性，但实务中可参照《全国法院破产审判工作会议纪要》第28条的精神，即惩罚性债权（包括行政罚款、刑事罚金）应在普通债权清偿完毕后，若有剩余财产再行清偿。但需注意，劣后清偿并非法定强制义务，而是基于剩余财产的"可能"处理方式。❶ 法理上也不难理解，税收因具有公益性，作为政府公共资金的来源需要特别保护而取得优先权，而罚款、罚金本质是惩罚措施，如果在破产程序中赋予优先权，那么结果并不是惩罚了破产企业，而是惩罚了其他普通债权人，但若将罚款、罚金予以排除，不予受偿，又有损国家强制力的威严与法律实施的有效性。因此，对罚款、罚金应当采取特殊处理。❷

前文提及的《最高人民法院关于审理企业破产案件若干问题的规定》第61条规定的"不属于破产债权"实际是将罚款、罚金列为除斥债权，即根据《企业破产法》的规定，出于特定原因被排除于破产程序外，不得从破产财产中受偿的债权。而《全国法院破产审判工作会议纪要》第28条规定的则是在特定条件下（普通债权清偿后仍有剩余财产时）可作为劣后债权清偿。

---

❶《全国法院破产审判工作会议纪要》（法〔2018〕53号）规定："28. 破产债权的清偿原则和顺序。对于法律没有明确规定清偿顺序的债权，人民法院可以按照人身损害赔偿债权优先于财产性债权、私法债权优先于公法债权、补偿性债权优先于惩罚性债权的原则合理确定清偿顺序。因债务人侵权行为造成的人身损害赔偿，可以参照企业破产法第一百一十三条第一款第一项规定的顺序清偿，但其中涉及的惩罚性赔偿除外。破产财产依照企业破产法第一百一十三条规定的顺序清偿后仍有剩余的，可依次用于清偿破产受理前产生的民事惩罚性赔偿金、行政罚款、刑事罚金等惩罚性债权。"

❷ 徐阳光，范志勇，徐战成. 破产法与税法理念融合及制度衔接 [M]. 北京：法律出版社，2021：86.

劣后债权是指在破产清偿顺序上排列于普通破产债权之后的债权。❶ 在权利设置上，不同于除斥债权，劣后债权仍保留被清偿的可能，并优先于股权受偿，享有债权人一定的权利。❷ 除斥债权与劣后债权有所区别。法律性质方面，除斥债权非破产债权，完全被排除了分配资格，而劣后债权仍属于破产债权，仅是清偿顺位劣后；由此引发的清偿条件也不同，除斥债权无论财产是否充足均不分配，而劣后债权如果在普通债权足额清偿后仍有剩余则可以分配；当然，两者充当的实务功能不同，除斥债权目的在于防止公法责任转嫁于私法主体，劣后债权则是为了平衡惩罚与债权人公平受偿的关系。

虽然罚款、罚金作为除斥债权、劣后债权有诸多差异，但实际上两者并非矛盾的，把握不同情形中的适用可以更好地实现法律对债权人利益、社会利益的兼顾。实践中，有的法官判决将迟延履行债务期间加倍支付的利息认定为劣后债权。例如，上海铁路运输法院（2023）沪7101民初1871号民事判决书说理部分，法官阐明了设置迟延履行金的目的是对迟延履行行为和妨碍民事诉讼行为的制裁和惩罚，敦促被执行人自觉履行义务，并警示他人。对法律没有明确规定清偿顺序的债权，人民法院可以按照人身损害赔偿债权优先于财产性债权、私法债权优先于公法债权、补偿性债权优先于惩罚性债权的原则确定清偿顺序。破产财产依照《企业破产法》第113条规定的顺序清偿后仍有剩余的，可依次用于清偿破产受理前产生的民事惩罚性赔偿金、行政罚款、刑事罚金等惩罚性债权。❸ 前述案例中迟延履行期间加倍支付的债务利息不属于行政罚款、刑事罚金，但与罚款、罚金的惩罚性债权定位相同，应当保留罚款、罚金在例外情形下作为劣后债权受偿的权利。

本书认为，在认定罚款、罚金是否为劣后债权时，须先依据《最高人民法院关于审理企业破产案件若干问题的规定》第61条排除其作为普通债权的资格，再根据《全国法院破产审判工作会议纪要》第28条判断是否符合劣

---

❶ 王欣新. 破产法［M］. 3 版. 北京：中国人民大学出版社，2011：198-199.
❷ 徐阳光，范志勇，徐战成. 破产法与税法理念融合及制度衔接［M］. 北京：法律出版社，2021：86.
❸ 上海铁路运输法院（2023）沪7101民初1871号民事判决书。

后清偿条件。同时，如果破产企业后续实在无力清偿罚款、罚金，也应当参照刑法体系中的刑事责任免除规则设置行政罚款的免除规则。❶

第四节　骗取出口退税款在破产程序中的定性：基于温州市国家税务稽查局诉腾旭公司破产债权确认案的分析

本节基于温州市国家税务稽查局诉腾旭公司破产债权确认案，分析骗取出口退税款在破产程序中的定性。

（一）案情简介❷

2016年3月，温州市瓯海区人民法院裁定受理腾旭公司破产清算。温州市国家税务稽查局向管理人申报债权，追缴出口退税款3012万余元、滞纳金1131万余元，两项共计4143万余元。管理人认定追缴的退税款为普通债权，滞纳金不属于破产债权。税务稽查局提出异议，主张退税款应属税收优先债权，破产受理前的滞纳金102万余元应属普通债权。双方对金额无争议，但对债权性质存在分歧。腾旭公司此前因骗取出口退税罪被判处罚金3500万元，法院判决追缴骗取的退税款。税务稽查局认为追缴的退税款属于税收债权，应优先受偿，滞纳金为普通债权。一审法院认定骗取的退税款并非企业应缴税款，不适用税收优先权，滞纳金亦不适用税收优先权。税务稽查局上诉后，二审法院改判支持其上诉请求。

（二）争议焦点与法院判决

1. 争议焦点

（1）追缴的出口退税款是否属于税收债权？税务机关主张出口退税款是

---

❶ 徐阳光，范志勇，徐战成. 破产法与税法理念融合及制度衔接 [M]. 北京：法律出版社，2021：87-89.

❷ 浙江省温州市中级人民法院（2018）浙03民终5012号民事判决书。

国家退还企业已缴纳的间接税，其本质是税款而非财政补贴。骗取的退税款属于企业应缴未缴的税款，符合《税收征收管理法》第66条规定的追缴范围。腾旭公司抗辩骗取的退税款系通过犯罪行为获取的非法所得，应通过刑事追赃程序追缴，不能作为税收债权参与破产分配。

（2）滞纳金是否属于普通债权？税务机关主张的滞纳金是对未按期缴纳税款的经济制裁，破产受理前产生的滞纳金应作为普通债权申报，虽无优先权但属于破产债权范围。腾旭公司抗辩因骗取的税款本身不属于税收债权，滞纳金无存在基础，不应纳入破产债权。

2. 法院判决

温州市瓯海区人民法院经审理认为，本案被告骗取的出口退税款不是被告已缴纳的税款，而是被告以虚报出口等手段所骗取的款项，该出口退税款系原告被骗取应予以追回的资产，而非被告欠缴的税款，不属于税法规定的企业应缴纳的税种，故不适用《企业破产法》规定的税收优先权，不具有优先受偿性，该款系普通债权。税收滞纳金是负有纳税义务的主体逾期向征税主体缴纳税款时应当向征税主体附随缴纳的款项，是对违反税法的主体的督促、惩罚。本案原告申报的债权3012万余元不属于欠缴的税款，因此不属于计收滞纳金的范围。对原告主张其申报的1021万余元为税收滞纳金，系破产债权的请求，依法不予支持。

温州市国家税务稽查局持原审起诉意见提起上诉。二审法院温州市中级人民法院经审理认为，出口退税是国家税收制度的重要组成部分，是国家将出口货物在进口环节和国内生产、流通环节已缴纳的增值税、消费税等间接税税款退还给出口企业，使出口商品以不含间接税的价格进入国际市场、参与国际竞争的一项税收制度。对腾旭公司自营合法出口而退还的出口退税款，符合国家法律和政策规定，税务机关不能在该企业破产程序中追缴和申报债权。但对税务机关在该企业破产程序中申报的追缴该企业骗取出口退税款的债权，可以认定为税收债权。故认为温州市国家税务稽查局申报追缴的债权3012万余元应确认为税收债权。法院认为，滞纳金虽不具有税收优先权，但作为税款未及时缴纳的附随义务，破产受理前产生的1021万余元滞纳金应纳入普通债权。其处理符合《企业破产法》第113条及最高人民法院关于滞纳金性质的司法解释。

(三) 思考与启示

该案通过厘清出口退税的税收属性与滞纳金的债权性质，明确了以下规则。

1. 税收债权的认定

出口退税制度是国家税收制度的重要组成部分，出口退税本质上就是一种税款。国家对生产企业、外贸企业采取"免、抵、退"办法，指在出口环节免征增值税，已纳税款抵顶内销货物的应纳税款，未抵顶完的税额部分予以退还。❶ 先抵减的内销应纳增值税额是指企业内销业务应纳税款，未抵减完的部分，退还的是企业在生产销售环节已缴纳的税款，同样属于税款；当企业虚构出口骗取出口退税时，其退税基础并不存在，相应的出口退税应作为税款被追缴。

2. 滞纳金的处理

破产受理前的滞纳金作为普通债权，平衡了国家税收利益与其他债权人权益，避免过度损害破产财产分配公平性。该判决为类似涉税破产案件提供了重要参考，强调了税收优先权的法定性与破产程序中公法债权的特殊地位。

---

❶ 《国务院关于对生产企业自营出口或委托代理出口货物实行"免、抵、退"税办法的通知》(国发〔1997〕8号)。

CHAPTER 05 >>

第五章
破产程序中新生税收债权的规范分析

第一节 破产费用与共益债务

在破产程序进行过程中,必然会涉及债务人运作或其财产的管理所产生的费用或债务。费用与债务均旨在惠及全体债权人,应由债务人的财产予以清偿。若债务人财产不足以支付破产程序费用,则破产程序将因"无产可破"而终止。破产费用与共益债务构成《企业破产法》实施的物质基础。

破产费用,涉及破产程序执行及资产管理和破产案件处理的直接成本,包括受理费与管理费,以及对债权的认定与处理的相关费用。共益债务,指不属于破产费用范围、旨在促进破产财产整体价值提升的债务。共益债务旨在整体上增进全体债权人的权益,体现为对共同利益的维护。共益债权人与普通债权人不同,不享有一般交易中债权人享有的抗辩权、债权保全及要求债务人担保等确保债权安全的权利。为确保各类债权群体权益的平衡,有必要为共益债权人提供特殊的优先清偿待遇,以保障此类债权人的正当权益。

破产费用与共益债务旨在共同确保破产程序顺畅推进,其目标的一致性在于优先清偿程序成本，以最大化全体债权人的权益。债权人就债务人的普通资产主张权利时，其优先级高于职工债权、税收优先权、建设工程优先受偿权和其他普通债权，但不涉及特定担保物及债务人占有的非其所有的财产的受偿顺序。

　　破产费用与共益债务也存在差异。首先，依据分立制下的立法实践，破产费用与公益债务起源各异：前者源于程序中的必需支出，后者则源自维持企业运作或执行有益于全体债权人的活动所产生的费用。特别是，共益债务相较于破产费用，其发生具有较高的不确定性。共益债务的缺失并未普遍阻碍破产流程的推进，破产费用作为必然产生的成本类型，其预估与核算相对明确。其次，破产费用的优先偿付地位优于共益债务。最后，破产费用本质上是直接消耗债务人资产的偿债行为，而通过支付共益债务，常能促使债务人资产的价值得到保持或提升。

　　基于《企业破产法》采用的列举法对破产费用与共益债务进行分类，缺乏兜底条款，这导致实践中存在一些依其本质应归入前述两类的状况未能被全面覆盖。最高人民法院在破产法系列司法解释中进行了修订与增补，具体而言，《最高人民法院关于适用〈中华人民共和国企业破产法〉若干问题的规定（三）》第1条指出，一旦法院裁定受理破产申请，先前未支付的公司强制清算费用、仍在执行过程中的评估费、公告费及保管费等执行费用，可依据《企业破产法》对破产费用的规定，随时从债务人的财产中予以支付。此条款超出了法院受理破产申请后的事项处理范围。依据《最高人民法院关于适用〈中华人民共和国企业破产法〉若干问题的规定（三）》第2条，破产申请受理后，经债权人会议决议通过，或者在首次债权人会议召开前由法院许可，管理人或自行管理的债务人可借款以维持债务人的持续经营。债权人请求依据《企业破产法》第42条第4项优先受偿的特定类型债务，法院应予认可。此类新型融资借款应认定为共益债务。

　　在破产清算期间，涉及城镇土地使用税、房产税、增值税、城市维护建设税等税款及处置资产、出租门面衍生的房产税、增值税、教育费附加等费用，均为维护全体债权人共同利益而支出的费用。这些费用的主要目的是确保破产流程顺利进行。从实际应用角度看，这类费用的支付有助于最大化所有债权人的权益。依据《企业破产法》第41条和第42条对"破产费用"与"共益债务"的定义，上述费用和债务均被归类为"破产费用"或"共益债务"，体现了其在破产程序中的特殊性质与功能。依据《企业破产法》第18条，管理人在处理双方尚未完全履行完毕的合同时，享有选择继续履行的权利。此规定实有必要，针对破产启动时债务人与合同对方尚未完成的合约，在仅依《民法典》合同编处置时，可能出现破产个别清偿、合同对方行使不安抗辩或同时履行抗辩权导致双方关系僵持的局面。对继续履行合同或维持运营过程中所涉及的税款缴纳，尽管此类支出并非直接因破产程序所需，但从最大化全体债权人利益的角度出发，建议将其纳入《企业破产法》第42条规定的共益债务范畴，以确保其在清偿顺序中获得相应考虑。此类债务应被视为该法第42条第4项所述的"为债务人继续营业……产生的其他债务"。

第二节 新生税收债权的价值判断

企业在进入破产程序至完成法人注销手续阶段，其纳税主体地位实际上并未完全消失。在这一时期，如涉及任何应税行为，该企业仍须履行相应的纳税义务。依据现有《税收征收管理法》和《企业破产法》，企业在启动破产程序后，并无明文规定其可豁免纳税义务。

即使税收债权产生于破产程序之后，其仍体现国家的税收权益。税收作为公共财政的核心支柱，主要负责筹集资金以支持公共服务。相较于私人债务，税收因具备较低的违约可能性而享有优先权，这一原则是确保税款及时、充分收取，进而维持公共服务持续稳定运营的基础。此举措旨在明晰税捐债权的法律地位，确保其优先受偿，以保障国家财政的正常运作及社会经济秩序的稳定。若税收债权未获充足法律保护，在企业破产时，税务机关可能采取强硬态度，拒绝对债务进行调整谈判，此举会显著增加挽救陷入困境企业的难度，并严重制约其恢复过程。在特定破产情形中，税收债权应享有优先清偿权，此原则旨在保障国家财政利益在债务清偿顺序中的优先性。在破产程序中，新产生的税款被视为特定类型的税收债权，其核心目的在于保障破产财产的价值稳定，同时确保债务企业的持续经营能力，以此追求全体债权人利益的最大化及债务人重建的双赢局面。此类债权与过往形成的税收债权存在本质区别，凸显了更强的关联性和协同作用。破产程序的核心目标是最大化债权人权益，构建一套全面维护债权人利益的制度体系至关重要。即便是在旨在辅助债务人实现重生的破产重整过程中，也必须确保债权人能够获得不低于清算程序下的清偿比例，以实现公平与效率的平衡。该机制旨在保障债务人的持续经营能力，以此提高全体债权人的清偿率，有效管理债务危机并优化资源配置。破产程序不仅作为对新生税收债权的被动执行框架，还内含主动调节及重塑该类债权结构的能力，对新生税收债权的价值判定发挥关键作用。《税收征收管理法》与《企业破产法》在该领域内互为支撑，共同构成基础架构，相互检视、协调并整合为一体。新生税收债权的形成应与破产的根本目标一致，即通过调整清偿顺序使新生税收债权人获得部分优先受偿权转让给新生税收债权人，以获得债权清偿价值的最优化。该机制确保新生税收债权与整体债权群体间的协调一致，显现了破产体系在维护公众福祉与支持债权人权利间的价值均衡。基于功利主义视角的利益衡量，在我国破产实务中面临普遍的"无产可破"及破产资产匮乏的问题背景下，为确保破产流程的顺畅运行与资源的高效分配，同时最大限度保障债权人权益，理想策略是在破产清偿顺序中将应缴税款置于优先债权之上，此举旨在激活破产程序，显著增加可供分配的破产资产总额，从而追求总体效益的最大化。依据当前我国的税收法律规定，未设针对破产程序中特定交易活动的专门税收减免条款。在企业破产流程中，任何新产生的税收负担被视同企业运营过程中的等价税务责任，须即时支付等额税款，此规定在企业面临破产时并未予以特例处理或免除。审视之下，将破产过程中新产生的税费直接视作税务部门于破产程序启动前已声明的税费，并以此为基础主张税收优先偿付，此操作存有不妥。

依据法律规定与我国的实践经验，确保新产生的税款获得"超越其他债权"的优先受偿顺位,旨在凸显其在债务清偿流程中的关键性和优先性。针对我国破产法规框架内的破产费用与共益债务规定,此研究须明确区分两大核心场景:其一,涉及破产资产的管理与处置阶段,在破产流程中产生的新增税款负担;其二,企业在破产程序期间持续履行合同义务或保持运作状态所导致的新增税款负担。本书深入研究了新产生的税收债权在破产清算流程中的恰当顺位问题。根据《企业破产法》第41条,破产财产管理、变价与分配过程中产生的应纳税额被视为破产费用,旨在保障破产程序的合法性与高效运作。在破产重整过程中,债务人的主要目标是维持运营,此举旨在增加破产资产价值或遏制损失扩大,以保障企业生存并促进商业活动的恢复。在此情境下,企业运作引发的税收负担与一般商业行为中的税负相似,旨在保护所有债权人的共同权益。基于此考虑,通过采用共益债务的方式清偿此类税收债权,既遵循法律的基本精神,亦实现了公正与效率的和谐统一,确保了债权人利益的正当维护。依据常规企业运营逻辑,税款债权被赋予优于普通债权的优先地位,此点在《税收征收管理法》第45条中有明确阐述,旨在确立税款债权的优先受偿权。企业在启动破产程序后至完成注销登记前,其作为纳税主体的身份并未终止。在此期间,若发生应税活动,仍应承担相应的纳税义务。《税收征收管理法》与《企业破产法》均未包含企业破产程序中可免除纳税责任的规定。

第三节 新生税收债权的域外立法启示

一、新生税款清偿顺位的域外立法考察

我国企业破产立法规范并未明确破产程序中新生应缴税款的清偿顺位规则,可以考察不同国家的立法例。

(一)美国

在《美国破产法典》的框架下,破产程序期间所形成的税款被赋予了特殊

的法律地位，通常被视为管理费用的一部分，从而享有较高的清偿顺位。这一规定体现了《美国破产法典》对破产程序顺利进行以及对税收债权保护的重视。

在破产财产分配机制中，程序运行成本享有法定优先受偿权。这类费用主要涵盖破产程序启动后为维持程序正常运转、保全债务人资产价值以及实现债权人整体利益所必需的开支。值得注意的是，破产程序存续期间产生的各类税收，包括但不限于财产税、交易税等法定税负，均被明确界定为程序运行成本。基于这种法律定性，此类税收债权在财产分配时可优先于普通无担保债务获得清偿，具有"税收优先权"的典型特征。

该制度架构的深层逻辑体现在两个方面：其一，通过保障政府财政权益来维护社会公益；其二，确保参与破产程序的各方对必要开支形成稳定预期。《美国破产法典》通过第503（b）条等具体规定，构建了程序运行成本的认定标准与确认流程，其中特别对税收债权的范围、计算方式和申报时限作出了细致规范。这种制度安排既避免了程序运行成本的无限扩张，又为各利益相关方提供了可操作的行为指引。

从实践效果观察，这种优先权配置机制有效协调了多重政策目标：在确保国家税收征管秩序的同时，避免了过度增加债务人的财务负担；既维护了破产程序的公信力，又平衡了各类债权人之间的利益关系。破产法院在具体案件中，通常会严格审查税收债权的产生时点、计算依据及申报程序的合规性，以防止权利滥用损害其他债权人的合法权益。这种审慎的司法态度与立法的精细化设计共同构成了破产程序中税收债权处理的制度框架。

（二）英国

根据2021年《英格兰和威尔士破产规则》，英国破产费用清偿顺位制度展现出高度精细化的立法特征。现行规则通过层级化设计，将破产费用置于财产分配的法定优先层级首位，但其内部构成与清偿规则具有显著复杂性，通过分散式立法技术重构了清偿顺位框架。

2021年《英格兰和威尔士破产规则》通过多条款联动形成动态排序体系（如规则3.51A、6.42A、7.108A）。基础优先层级中，规则1A.27将监督人的报酬及费用纳入优先受偿序列，规则3.51A（a）将暂停期内依合同强制提供的商品或服务费用位列第一顺位。次级排序规则，在清算程序中（规则6.42A、7.108A），清偿顺位细化为：（1）强制供应费用；（2）劳动债权；（3）普通债务；（4）监督人费用。该规则体现了税收债权的特殊地位，虽然资本利得税未在2021年《英格兰和威尔士破产规则》中单列顺位，但根据该规则14.23A对抵销权的限制，税收债权须在抵销公司互负债务后参与分配，其实际受偿顺位可能次于监督人费用但优先于普通无担保债权。

从规范构造角度观察，英国破产法对优先受偿权的设置体现了多重价值考量：其一，确保破产程序运行必需费用的及时偿付；其二，通过细分清偿顺位防范费用无序扩张；其三，在保障税收征管权的同时兼顾专业人士的权益。值得注意的是，资本利得税虽属税收债权，但其在费用清单中的排序反映了立法者对破产管理成本优先保障的倾向。这一制度设计体现了普通法系破产制度特有的技术性安排，既维护了破产程序的公信力，又为各类债权人确立了明确的权利实现预期。

（三）日本

日本破产法制为平衡程序外债权保护与程序运行保障，创设了独特的"财团债权"制度。根据《日本破产法》第148条第1款的规定，该制度通过特殊债权分类机制，对程序运行关键费用实施优先保护。其核心要义在于：将维持破产程序运转的必要支出及特定税收债权纳入法定优先受偿范围，构建多层次的债权保障体系。

从规范构造分析，财团债权的认定标准呈现双轨特征：其一，程序性费用方面，破产财团管理、处置及分配过程中产生的必要开支，依第148条第1款第2项自动取得财团债权资格；其二，税收债权方面，立法采取限制性纳入原则。针对程序启动前发生的税收债务，仅当缴纳期限在程序启动时尚未届满，或虽届满但未逾一年者，方可依第148条第1款第3项主张财团债权地位。对于程序存续期间新生税收，则实施"直接关联性"审查标准——仅当税负产生与破产财团管理存在实质关联时（如破产不动产产生的固定资产税），方可依据同款第2项纳入财团债权范畴，而针对个人所得课征的税种通常不具备此类关联性，故排除在财团债权范围之外。

与之形成制度呼应的是，重整程序创设的"共益债权"体系。该制度通过《日本民事再生法》第 119 条与《日本公司更生法》第 127 条确立，其功能定位与财团债权具有同质性，均着眼于保障程序存续期间必要债务的优先清偿。在权利顺位安排上，重整程序确立三级清偿顺序：共益债权作为最优层级，优先于一般优先债权及普通重整债权受偿。程序进行中产生的应缴税款，基于其与重整程序运营的实质关联性，被法定纳入共益债权范畴。

该制度架构的立法智慧体现在：通过精细化的债权分类技术，既避免过度扩大优先权范围损害普通债权人利益，又确保程序运行必需成本得到充分保障。对税收债权的区别对待策略，更折射出立法者对公共财政利益与市场主体保护的价值权衡——在承认税收优先性的同时，通过时空要素与关联性标准的双重限制，防止税收债权过度侵蚀破产财产的分配空间。

（四）德国

德国破产法制创设的"财团债权人"制度，构建了独特的债权分层机制。该制度通过《德国破产法》第 53～55 条形成"三位一体"的规范体系，对程序运行中产生的特殊债权实施分类管理。其核心特征在于：将程序启动后非因债务人行为产生的债务，独立于普通破产债权形成特殊清偿序列。

根据《德国破产法》第 53 条确立的清偿规则，财团债权人享有优先于普通破产债权人从破产财产中受偿的法定权利。但该优先权的实现附有双重限制：其一，仅当请求权产生于破产分配程序启动前；其二，须遵循内部清偿顺位规则。值得注意的是，《德国破产法》第 206 条对迟延产生的财团债权作出特别规制——此类债权不仅劣后于其他财团债权，且须在普通债权与次级债权按比例分配完成后方得受偿，形成"双重劣后"的法律后果。

在类型化构造层面，立法者将财团债权细化为程序性开支与衍生性债务两大类别，分别由《德国破产法》第 54 条与第 55 条规制。前者涵盖司法程序费用（法院规费、破产管理人报酬、债权人委员会履职支出等），后者则包括破产财产处置成本、待履行合同债务、不当得利返还之债等程序运行衍生的债务。特别需要指出的是，程序进行中产生的应纳税款虽未被明列为程序性开支，但基于其与破产财产管理行为的直接关联性，依法归入《德国破产法》第 55 条规定的衍生性债务范畴。

这种制度设计体现了德国破产立法的精细平衡术：既通过优先权设置保障程序运行的必要成本，又借助分层机制防范优先权被滥用。对税收债权的处理方式尤为典型——虽承认其优先地位，但严格限定于与破产财产直接相关的课税项目，避免不当扩大财政债权的优先范围。这种"有限优先"的立法策略，有效协调了公共财政利益与债权人平等保护的价值冲突。

二、新生税收债权的域外立法启示

通过对美、英、日、德四国立法模式的比较研究，可提炼出以下制度建构的核心启示，为我国破产程序中新生税收债权的处理提供法理参照与实践镜鉴。

（一）立法理念的平衡性

域外立法普遍遵循"必要成本优先"与"公共利益有限保障"的双重原则。具体观察域外立法实践，各国通过差异化的制度设计实现了这一原则框架的落地。《美国联邦税收法典》将新生税款明确纳入行政管理费用范畴，通过类型化区分赋予其超优先受偿地位，但同时设置严格的程序要件与实质审查标准；英国通过制定层级化税收债权清单，以法律明文规定不同税种债权的清偿顺位，形成具有可操作性的位序规则体系；日本在税收优先权审查中引入"直接关联性"标准，要求税收债权与特定财产或交易存在直接因果联系时方可主张优先权；德国则创新性地创设"双重劣后"规则，将税收债权在特定情形下置于普通债权甚至后顺位债权之后，形成具有弹性的优先权限制机制。这些制度设计共同展现出域外立法在优先权设置中的审慎态度：既充分认可税收债权因其公共利益属性而享有的特殊保障地位，又通过时空要素限定、关联程度审查、费用类型区分等限制性条件，构建起严密的优先权滥用防范体系。

当前，我国税收立法正面临财政利益保障与私法秩序维护的双重挑战，如何在确保国家税收职能实现的同时，防止税收优先权的过度扩张对债权人平等保护原则造成冲击，已成为亟待解决的核心命题。域外经验表明，我国应当构建动态平衡的立法机制：一方面，通过类型化列举明确税收优先权的法定适用范围，建立具有可预测性的优先权触发规则；另一方面，设置弹性调整机制，允许在特定情形下（如企业重整、个人破产等特殊场景）基于公共利益与私法利益的权衡对优先权顺位进行必要调整。这种动态平衡机制的实现，既需要立法者秉持审慎克制的立法理念，也依赖于司法实践中对优先权行使要件的严格把握，最终形成财政利益保障与债权人平等保护相协调的税收优先权制度体系。

（二）规则设计的精密性

各国普遍采用"总—分"式规范结构：在确立优先权基础地位的同时，通过配套条款构建精细化的适用标准。例如，《日本破产法》第148条通过三项条款分别规定了程序性费用、前期税收与新生税收的认定条件；《德国破产法》第53~55条对财团债权实施"程序费用与衍生债务"的二元分类。此类立法技术启示我国应改变当前笼统的"破产费用与共益债务"二分模式，针对税收债权的特殊性构建差异化认定规则，明确其与破产财产管理行为的实质关联标准。

（三）清偿位阶的梯度化

比较法上普遍形成"程序必需费用 > 特定税收债权 > 普通债权"的三阶清偿序列。《美国破产法典》将税款优先权嵌入管理费用体系，通过区分"行政费用"与"税收债权"的优先层级，赋予破产程序中新产生的税款以超级优先权地位，同时严格限定其产生时点与适用范围；英国通过制定清偿顺位清单，虽未明确规定资本利得顺位，但承认其税收属性，又通过位序安排平衡其与其他优先债权的受偿顺序；《日本破产法》注重区分财团债权与共益债权的适用场景，将具有保全债务人财产价值的税收债权（如财产税）纳入财团债权范畴优先受偿，而将程序性税收支出（如破产程序中的印花税）作为共益费用处理；《德国破产法》则进一步细化财团债权的内部清偿顺位，通过设立三级子顺位规则，将不同性质的税收债权（如土地税、消费税）按关联程度与公共政策考量进行梯度配置。

我国现行立法采取"一刀切"的优先权模式，将税收债权笼统置于普通债权之前受偿，既未区分税种性质与关联程度，也缺乏程序性保障措施，导致实践中出现优先权滥用与债权人利益失衡的双重困境。借鉴域外经验，我国应当构建多层次清偿顺位规则体系：首先，根据税收类型进行基础分层，将直接作用于债务人财产的财产税（如房产税、土地增值税）与具有宏观调控功能的流转税（如增值税）区分处理；其次，引入产生时点要素，对程序启动前已存在的税收债权与程序中新产生的征管费用分别设置优先顺位；最后，结合关联程度标准，将税收债权细分为直接关联债权（如针对特定财产的财产税）与间接关联债权（如基于营业活动征收的所得税），并配置差异化的优先性权重。这种精细化、场景化的规则设计，既能满足税收征管的基本需求，又能通过梯度化配置防止优先权滥用，最终实现财政利益保障与债权人平等保护的有机统一。

（四）程序保障的协同性

域外法治实践表明，税收优先权等实体权利的有效实现高度依赖于完备的程序机制保障，两者须形成功能互补、协同发力的制度体系。美国通过《美国破产法典》第503（b）条构建起严密的税收债权申报审查程序，要求税务机关在破产程序中主张税收优先权时，必须提交详细的债权计算依据与征管程序合规证明，并接受法院指定的审查官对债权真实性、准确性及优先性要件的实质审查；日本在重整程序中创设共益债权的独立清偿通道，通过设立专门账户、简化清偿流程等方式，确保具有保全债务人财产价值的税收债权（如财产税）能够及时获得清偿，同时防止其与普通债权混同受偿；《德国破产法》第206条针对滞后债权设置双重劣后规则，既将程序启动后产生的税收债权置于普通债权之后受偿，又对未及时申报的税收债权附加惩罚性顺位降级，形成程序激励与实体惩戒相结合的约束机制。

我国税收优先权制度的完善亟须借鉴此类域外经验，构建程序与实体深度融合的保障机制。具体而言，可从三个维度进行制度创新：其一，建立税收债权异议审查机制，允许利益相关方对税务机关申报的税收优先权提出实质异议，由法院指定专业机构对债权金额、征管程序、关联程度等要件进行司法审查，防止优先权滥用；其二，创设动态清偿窗口期制度，根据破产程序进展设置阶段性清偿节点，对程序启动前已存在的税收债权与程序中新产生的征管费用实施分类清偿，既保障国家税收利益，又避免影响重整计划的执行效率；其三，完善滞后债权惩戒规则，对未依法定期限申报或存在程序瑕疵的税收债权，除适用法定劣后顺位外，还可附加利息扣除、清偿比例限制等惩戒措施，形成程序合规的正向激励。

第四节　我国新生税收债权清偿顺位的立法与实践

在破产程序中，新生税款的清偿顺序尚未形成统一标准，导致实践中存在较大争议。《企业破产法》第42条对共益债务的范围作出了明确规定，只有符合法定情形的税收债权才能被纳入共益债务范畴。《企业破产法》第43条和第113条规定了破产财产的清偿顺序：破产费用、共益债务、职工债权、社会保险费用及欠缴税款、普通债权。然而，现行法律体系并未对破产期间新产生的税款如何清偿作出具体规定。由于缺乏明确的上位法依据，多数地方法院倾向于将新生税款比照破产费用或共益债务处理，但这种简单类推的方式难以应对实务中的复杂情形。公共利益与私人权益的博弈带来了破产清算中的税收优先权问题：《税收征收管理法》规定税收债权优先于担保物权的效力，而《企业破产法》则规定担保物权人就特定财产享有优先受偿权，并将税收债权的受偿顺位置于职工债权之后，实质上否定了税收债权的优先性。

破产程序牵涉众多利益主体，破产新生税款的税种众多且难以预测确定，若一味坚持破产新生税款优先清偿的特权理念，将新生税款全部纳入破产费用中优先全额受偿，那么将严重损害普通债权人的私人利益，不仅有违公平，还损害了法律的程序正义。因此，对破产新生税款清偿顺位加以一定的限制，不仅注重债权人利益保护、公平受偿，而且兼顾公共利益和社会经济秩序。针对新生税款清偿程序的立法空白，建议结合其成因、纳税期限等因地制宜确定是否优先清偿，从而更好地应对实务变化。

实务中，部分法院明确了新生税款的性质。2019 年 3 月公布的《四川省高级人民法院关于审理破产案件若干问题的解答》（川高法〔2019〕90 号）明确："破产程序中处置破产财产新产生的增值税、附加税、印花税、契税等税费，属于在破产程序中为实现全体债权人的共同利益而必须支付的费用或者承担的必要债务，可以归为破产费用中'变价和分配债务人财产的费用'，由债务人的财产随时清偿。"同年 8 月，南京市税务局和南京市中级人民法院也作出了有关规范。

不同税种的法律属性存在显著区别：流转税的纳税义务源自纳税人的主动经济行为；而房产税、城镇土地使用税等财产类税种，即便纳税人消极应对，其纳税义务仍会随时间推移持续产生。对于此类持续性税款的定性问题，实务界与理论界均存在较大分歧。因为财产类税种既不符合破产费用的构成要件，亦不归属于历史欠税范畴，所以其在破产财产清偿顺序中的具体顺位，特别是与普通债权及优先债权的顺位关系，尚待论证。

如果新生税收债权的性质并非破产费用，那么新生税收债权是否相对普通债权具备优先清偿的顺位呢？国内学界和实务界普遍主张，破产程序中的新生税款应当豁免或者劣后处理，以体现"国不与民争利"的原则。在应然层面，该观点是可以成立的。但在实然层面，尚缺乏域外立法例的普遍支持。

第五节　司法拍卖中由第三人代偿税收债权的法律与经济问题

司法拍卖中由第三人代偿税收债权中的第三人，特指司法拍卖买受人，其非原始纳税主体，但通过拍卖协议承担被执行人税收债务。

一、法律层面的规范分析

现行法律框架下第三人代偿税收债权存在立法空白。《企业破产法》未明确规定第三人能否代偿税收债权，但该法第 18 条允许管理人在法院监督下处置债务人财产，为第三人参与债务清偿提供了程序依据。《税收征收管理法》第 45 条确立了税收优先权，却没有考虑到第三人自愿代偿的情形。实践中，司法拍卖中第三人代偿税收债权的合法性须满足以下条件：（1）自愿性，代偿行为须基于第三人自愿，不得与破产程序或税收强制性规定相冲突；（2）程序合规性，代偿协议须经破产管理人审核、法院批准，并公示以保障债权人知情权；（3）不损害其他债权人利益，代偿不得以牺牲普通债权人的受偿权为代价，否则可能被撤销。争议焦点在于，税收优先权是否允许第三人通过代偿"间接优先受偿"。例如，第三人代偿税收债务后，能否在破产财产分配中优先受偿？现行法律对此未明确，导致司法裁量标准不一。

对第三人代偿行为的法律性质与效力认定存在"债务承担"与"担保责任"之争：债务承担说认为第三人通过代偿成为新债务人，原税收债权债务关系消灭，但须税务机关明确同意；担保责任说则主张代偿属于第三人提供的担保，税务机关仍可向原债务人主张权利。实务中，法院倾向于以代偿协议内容作为认定依据。若协议明确约定"代偿后取得对债务人的追偿权"，则视为担保责任；若约定"代偿后税收债权消灭"，则构成债务承担。效力审查中，法院重点防范虚假代偿损害其他债权人利益，例如，审查第三人与债务人是否存在关联关系、资金流向是否真实。

第三人代偿税收债权还涉及税收债权人与第三人的权利义务冲突，即优先权冲突。《企业破产法》第 113 条规定，税收债权优先于普通债权。第三人代偿后其拥有的追偿权不属于法定的优先债权，因而只能列为普通债权，由此缺乏对第三人利益的保护。对第三人权利救济路径也不足，第三人代偿后若债务人无财产可供追偿，现行法律未赋予其代位权或优先权，可能引发"代偿即亏损"的困境。建议在破产程序中增设第三人追偿权公示机制，并允许其在税收债权原优先顺位范围内有限受偿，以平衡各方利益。

二、经济层面的效益与风险

第三人代偿税收债权的经济动因包括降低交易成本、加速破产程序、利益博弈工具三项。降低交易成本是指在资产拍卖中，第三人代偿可消除竞买人对隐性债务的顾虑，提高资产溢价率。代偿行为能快速解决税收债权争议，避免因税务机关行使优先权而导致的程序拖延。据统计，代偿案例平均缩短破产周期4~6个月，从而加速破产程序的推进。与此同时，债务人关联方可能通过代偿变相转移资产，或税务机关默许代偿以提前实现债权，形成"税收债权优先"与"市场效率"的妥协，以此作为利益博弈的工具获取更多剩余价值。

研究第三人代偿税收债权的经济问题，也需要关注其对破产财产分配效率的影响。其正向效应在于税收债权通过代偿提前清偿，可释放更多破产财产用于普通债权人分配，从而提高普通债权人的受偿率。负向效应在于若第三人以代偿为条件低价获取资产，可能变相稀释普通债权人的权益。此外，学界对其公平性也存在争议，认为税收优先权通过代偿被"刚性化"，可能影响市场化重整方案的灵活性。部分学者建议将税收债权劣后于担保债权，以提升整体分配效率。

第三人代偿税收债权的潜在风险包括关联方利用代偿进行利益输送，例如，虚构代偿资金流向、虚增税收债权金额的风险。同时，频繁的代偿可能向市场传递"税收刚性兑付"预期，削弱破产程序的债务清理功能，造成市场信号扭曲。因此，应当建立代偿审查机制，要求管理人核查代偿资金来源及真实性，并强制披露关联关系；设定代偿比例上限，例如，规定代偿税款不得超过资产拍卖款的30%，防止过度挤压普通债权空间；引入第三方评估，对代偿行为的经济合理性进行独立评估，确保符合最大利益原则。

三、案例分析：成都金创盟科技有限公司、成都爱华康复医院有限公司拍卖合同纠纷案

（一）案情简介❶

2018年8月，成都金创盟科技有限公司（以下简称金创盟公司）通过成都市郫都区人民法院司法拍卖以2933万余元竞得成都爱华康复医院有限公司

---

❶ 最高人民法院（2022）最高法民再59号民事判决书。

（以下简称爱华医院）名下土地及设备，拍卖公告第 6 条约定了权属变更相关税费由买受人承担。2019 年 7 月，金创盟公司完成契税等费用缴纳并取得土地使用权。但随后，国家税务总局郫都区税务局要求爱华医院补缴 2009—2018 年欠缴的城镇土地使用税 157 万余元及滞纳金。爱华医院据此要求金创盟公司承担全部税费合计 532 万余元，遭拒后提起诉讼。2019—2021 年，成都市中级人民法院一审及四川省高级人民法院二审均判决支持爱华医院的诉求。2022 年，最高人民法院再审撤销原判，认定城镇土地使用税属于土地持有环节税费，与权属变更无直接关联，且拍卖公告未明确列举该税种，未特别提示欠税信息，买受人无法通过公开渠道查询历史欠税，故改判金创盟公司仅承担权属变更相关税费 374 万余元。该案确立了司法拍卖税费转嫁的边界规则，明确权属变更相关税费可约定转嫁，但历史欠税等非交易环节税费应由法定纳税人承担。

（二）争议焦点与法院判决

1. 争议焦点

本案争议焦点在于，案涉土地司法拍卖成交后，税务机关追缴的土地使用权存续期间未缴纳的城镇土地使用税，应由金创盟公司还是爱华医院承担。即金创盟公司是否应当承担爱华医院补缴的城镇土地使用税 157 万余元。爱华医院主张拍卖公告第 6 条以"包括但不限于"列举税费项目，未明确排除城镇土地使用税，金创盟公司的承担范围应涵盖所有历史欠税。金创盟公司主张第 6 条"办理过程中所涉及的税费"仅指权属变更直接产生的税费，城镇土地使用税是土地使用权存续期间的持续纳税义务，与权属变更无关，并且爱华医院没有主动披露欠税，税务机关也没有进行欠税公告，金创盟公司由于信息不对称无从获知欠税信息。

2. 法院判决

最高人民法院的观点不同于一审、二审人民法院。一审、二审人民法院认为，拍卖公告第 6 条虽未明确列明"城镇土地使用税"，但通过"包括但不限于"的开放性表述，已涵盖拍卖时尚未确定但须补缴的全部税费。买受人签署拍卖成交确认书的行为，表明其自愿接受公告条款约束，包括承担未明示的历史欠税风险。

最高人民法院再审改判认为,由于城镇土地使用税纳税主体为土地使用权人,因对土地实际占有、使用行为而产生的纳税义务,与权属变更程序无直接关联。拍卖公告第6条中"办理过程中所涉及的税费"应当进行限缩解释,认定为仅限于权属变更环节直接产生的税费,不包括过往产生的欠税。爱华医院未向法院提供欠税信息,税务机关基于保密义务也未公开,金创盟公司客观上无法查询该欠税情况。根据《最高人民法院关于人民法院网络司法拍卖若干问题的规定》(法释〔2016〕18号)第30条,竞买人依法承担对拍卖本身形成的税费。历史欠税未在公告中特别提示,买受人无义务承担。再审判决裁定:撤销一审、二审判决,金创盟公司仅承担权属变更相关税费374万余元,爱华医院承担历史欠缴的城镇土地使用税157万余元。

(三) 思考与启示

本案中,最高人民法院通过再审改判,为司法拍卖中的税费承担问题确立了明确的规则,体现在以下三个方面。

第一,税费条款应从严解释。对司法拍卖公告中"包括但不限于"等概括性税费条款,法院应采取从严解释立场,仅认可其适用于权属变更直接相关的税费(如契税、土地增值税),而历史欠税(如城镇土地使用税)因与权属变更无直接关联,需通过特别约定才能转嫁。

第二,充分保障竞买人的信赖利益。法院强调拍卖公告必须尽到信息披露义务,让竞买人明确知晓其行为潜在的涉税风险,竞买人仅对公示信息范围内的风险承担责任,若因税务机关保密义务或被执行人隐瞒导致买受人无法预见欠税(如本案157万余元城镇土地使用税),要求其承担将违反公平原则。

第三,遵循税收法定原则。纳税义务主体、税种及税率均由法律明文规定,司法拍卖公告不得通过模糊条款突破税法规定。这一系列规则的确立,既防止被执行人借模糊条款转嫁违法成本,也平衡了司法拍卖效率与市场交易安全。对于竞买人而言,未来须在参与拍卖前主动核实税务信息,要求法院书面确认税费承担范围;而法院与税务机关则应建立协作机制,在拍卖公告中分类列明权属变更税费与历史欠税,来从源头减少争议。

CHAPTER 06 >>

第六章
破产程序中税务机关的角色定位

对破产程序中税收债权人定位问题的探讨,根植于两项关键性实践观察,这些观察为税收债权在破产法框架下的角色与功能提供了实证支撑。其一,2023年4月,国家税务总局南华县税务局以债权人身份向云南省楚雄彝族自治州中级人民法院提起诉讼。该局主张云南澜沧江酒业集团楚雄有限公司在破产受理前(截至2018年9月27日)欠缴的税款滞纳金6792538.51元应依法确认为普通破产债权,并参与破产财产分配。法院依据《最高人民法院关于适用〈中华人民共和国企业破产法〉若干问题的规定(三)》第3条,判决确认原告对被告享有的滞纳金债权6792538.51元为普通破产债权。❶ 其二,2022年9月,无锡新吴区税务局就两户欠税钢贸企业提起破产清算申请,无锡新吴区法院以"破产企业财产不足以清偿破产费用"为由裁定终结破产清算程序,企业宣布破产。这是无锡市首家税务机关作为债权人申请企业破产、江苏省首家对钢贸行业适用"税破联动"机制批量申请破产的典型案例。2023年8月,无锡新吴区法院和无锡新吴区税务局正式审签"关于企业破产涉税处置的实施方案",通过加强"税破联动",主动

---

❶ 云南省楚雄彝族自治州中级人民法院(2023)云23民初13号民事判决书。

参与欠税企业破产清算，出清欠税"僵尸企业"，唤醒个别"沉睡企业"，助力营商环境有效提升。❶

上述案件引发了学术界对税收债权在破产清偿顺位中特殊保护必要性的深度思考。其中，《税收征收管理法》第 45 条与《企业破产法》第 113 条的规范竞合问题，成为当前破产法与财税法交叉研究的重要议题。如何平衡税收债权与其他债权人的利益关系，确保税收债权公平受偿，同时维护破产程序的公正与效率，是未来理论研究与制度完善的重要方向。具体而言，须进一步探讨税收债权在破产清偿顺位中的定位，以及如何在保障税收债权公平受偿的同时，维护其他债权人的合法权益，实现破产程序的公正与效率。这要求我们在理论研究与制度完善中，充分考虑税收债权的特殊性，以及其在破产程序中的角色与功能，为税收债权的实现提供更为完善的制度保障。

第一节　税务机关作为债权人申请欠税企业破产

一、税务机关提出破产申请的法理依据

（一）税务机关提出破产申请的正当性基础

《企业破产法》第 7 条第 2 款明确规定："债务人不能清偿到期债务，债权人可以向人民法院提出对债务人进行重整或者破产清算的申请。"此法律条文赋予债权人启动破产程序之权力，属于概括性规范范畴，未对申请人资格设定限制性条件。基于对该法律条文的解释，无论债权性质表现为担保物权、劳动报酬请求权、社会保险费用求偿权、税收优先权，抑或是普通债权、次级债权，各类债权人均依法具备破产申请主体资格。这一制度设计深刻体现了破产法律制度对各类债权主体的平等保护理念，为不同顺位的债权人构

---

❶ 张建波. 妥善出清"僵尸企业"，无锡新吴法院与税务部门签订"专门协作机制"［N/OL］. 扬子晚报，2023－08－02［2024－09－12］. https://m.yangtse.com/wap/news/3125392.html.

建了统一的法律救济机制。在债务人丧失债务清偿能力的情况下，各类债权人可依据法定程序主张自身权利。此举不仅维护了市场经济的契约精神，更实现了法律对多元利益主体的制度性保障，有助于维护市场经济的稳定与健康发展。

在税收债权法律关系架构中，从法理维度审视，其权利归属主体实为国家机关。然而，在具体执行层面，税务部门则代表国家行使相关职权，此乃税收征管实践中的典型运作模式。《国家税务总局关于进一步加强欠税管理工作的通知》（国税发〔2004〕66号）明确规定："欠税人申请破产，税务机关应代表国家行使债权人权利，参与清算，按照法定偿债程序将税款征缴入库。"该规范性文件以清晰且明确的表述，确立了税务机关作为国家税收权益代表人的法律定位，为税务机关在破产程序中的角色与职责提供了重要的制度依据。但在实际操作过程中，部分税务干部对职权边界存在认知上的困惑。尽管现行规范性文件已明确要求税务机关在破产程序中履行债权人义务，但并未明文授予其主动启动破产申请的主体资格。基于职权法定原则，税务机关对权力来源秉持审慎态度，此态度具有坚实的现实基础。我国行政法治体系强调，公权力机关必须严格遵循"职权法定"原则，任何行政行为的实施均须以明确的法律授权为前提。这一原则不仅是行政法治的基本要求，更是保障行政权力合法、合理运行的重要防线。税务机关在破产程序中的职权行使，亦须严格遵循此原则，确保其在法定职权范围内行事，维护税收征管秩序与法治尊严。

从规范法学的理论框架深度审视，税务部门行使破产申请权实则构筑于坚实且完备的正当性基础之上。其一，税务部门作为国家税收利益在法律层面的法定守护者，承载着维护公共财政权益的核心使命。当纳税主体陷入丧失清偿能力的困境时，启动破产救济机制成为保障公共财政权益延续的必然逻辑选择与不可或缺的必要举措。此举不仅是对税收征管秩序的有力维护，更是对国家财政稳定架构的坚实支撑，其本质在于通过法定程序对税收债权进行合理分配与清偿，以实现公共资源的优化配置与高效利用。其二，纵观现行法律体系，虽未对税务部门行使破产申请权作出直接且明确的授权性规定，但亦未设置任何形式的禁止性条款。依据"法不禁止即自由"这一私法领域的经典原则，在公法语境下亦可合理推导出：只要相关行为契合立法目的且未逾越必要限度，便应赋予其合法地位。具体到破产申请权问题，税务部门行使该权力既能够有效确保税收债权在破产程序中实现公平受偿，又不会对其他市场主体的合法权益造成实质性损害，其运作机制与《税收征收管理法》的立法宗旨高度契合，体现了法律对税收债权与其他市场主体权益的平等保护。

（二）税收债权的双重属性

税收债权兼具公法债权与私法债权的双重特性，这一独特属性深刻影响着税务机关在破产程序中的角色定位与职能行使。从公法视角审视，税收是国家凭借其财政权力，依据法定标准和程序向纳税人强制、无偿征收的财政收入。其强制性和无偿性特征，彰显了税收作为国家治理基石的公法属性，体现了国家对经济社会的宏观调控能力与资源配置能力。从私法视角观察，《企业破产法》第 113 条将税收债权明确纳入破产债权范畴，并规定其清偿顺位仅次于职工债权。这一制度安排，既体现了税收债权在破产程序中的相对优先性，又遵循了破产法公平清理债权债务、保护债权人合法权益的基本原则。税收债权在破产程序中的私法化处理，为税务机关参与破产程序、主张税收债权提供了法律依据与制度保障。税收债权的双重性决定了税务机关在破产程序中的特殊地位。税务机关既是国家税收征管的行政机关，代表国家行使税收债权；又是破产程序中的债权人，须遵循破产法的规定与程序，与其他债权人平等参与破产财产的分配。这种双重身份要求税务机关在破产程序中既要维护国家税收利益，又要尊重其他债权人的合法权益，实现税收债权与其他债权的平衡。

在我国现行民事法律制度框架内，具备公共事务管理职能的机构，于法律体系架构中占据着特殊的民事主体地位。民事法律关系的参与主体，是指依法取得权利义务承载资格的法律实体，其范畴主要涵盖自然人以及依法设立的各类组织。《民法典》第 97 条规定，依法设立且有独立经费的机关和承担行政职能的法定机构，自成立伊始即依法取得机关法人资格。此类机构在其法定权限范围内，可依法开展与其职能紧密相关的民事法律行为。这一规定揭示了行政机关在法律体系中所具有的双重属性：其一，行政机关作为公共管理的执行者，肩负着维护社会公共秩序、提供公共服务等重要职责；其二，作为民事法律关系的参与者，行政机关具备平等参与民事活动的法律资格，能够在民事活动中以独立法人身份行使权利、履行义务。

在规范市场经济秩序的民事法律架构下，作为特殊债权人的税务机关针对欠税企业启动破产程序的制度属性，应当被理解为民事主体权利体系中的法定救济手段，而非传统公共治理语境下的行政权能延伸。此种权力运行机制所蕴含的特殊性，具体表现为特定法律关系中公共部门的角色嬗变——当市场主体面临资不抵债的困境时，政府机关须暂时剥离其行政监管者的身份外衣，转而以平等民事主体的法律地位参与破产程序。从具体实践维度观察，具体行政行为的作出，依据《税收征收管理法实施细则》第8章，相关征税决定自送达当事人之日起便具有不可争议的法律效果。与之形成对照的是，《企业破产法》第7条第2款所创设的程序启动权，必须通过法院的实质性审查方能产生预期的法律效果，这种程序设计在本质上突破了行政法领域"高权行为"的单方强制性特征的限制。该制度设计的价值内核在于，当税收债权的实现遭遇债务人偿付能力危机时，立法者为保障财政利益特别配置的司法救济通道，犹如为债权实现架设了司法桥梁。正如学者徐阳光所言："破产程序中的很多税收问题，例如申请权问题、表决权问题、争议解决机制问题等等，不是没有法律的规定，而是法律已经做出了适用于所有破产债权人的统一规定。"❶

在当代法律体系结构性变革中，税法与私法的互动关系呈现出独特的制度张力。传统上，税法被视为公法的重要组成部分，强调国家权力的单向行使与纳税人的服从义务。然而，随着市场经济的发展与法治社会的建设，税法与私法的交融趋势日益明显。将税收法律关系界定为"公权性质的债权债务关系"，本质上打破了传统公法关系的单向特征，强调税收法律关系中的权利义务对等性与互惠性。这种理论重构并非单纯的概念移植，而是根植于

---

❶ 徐阳光. 破产程序中的税法问题研究［J］. 中国法学，2018（2）：208-227.

法律体系现代化进程中的功能性需求。在市场经济条件下，税收不仅是国家财政收入的重要来源，更是调节经济运行、促进社会公平的重要手段。将税收法律关系纳入债权债务关系的范畴，有助于运用私法原理与方法解决税收征管中的实际问题，提高税收征管的效率与公正性。在我国，2015年《税收征收管理法》修正时，第50条明确税务机关可参照《合同法》行使代位权与撤销权，标志着立法层面对公私法交融的有限承认。

理论层面的范式更迭虽为法律制度的发展注入了新的活力，但在程序适用过程中，行政主体介入民事司法程序所引发的身份困境与角色冲突，并未因此而彻底消弭。这一问题长期以来一直是各国法学界争论的焦点，其复杂性与敏感性不容忽视。行政机关在民事诉讼中的双重身份，可能导致其在诉讼过程中既行使行政权力，又追求民事权益，从而引发角色冲突与程序困境。以2016年发生的"某市税务局申请企业破产案"为例，此类角色冲突表现得尤为突出。在该案中，江苏省苏州市中级人民法院在（2016）苏05破申第8号裁定书里，要求税务机关补正"债权人会议参与方案"，这一举措实质上是对税务机关的程序身份施加了限制。税务机关作为行政主体，在破产程序中既要履行行政职责，又要遵循民事司法程序的规定，这种双重身份与职责的交织，使得税务机关在破产程序中面临着复杂的程序适用问题。因此，如何平衡行政主体在民事司法程序中的角色冲突与身份困境，是当前法学界亟待解决的重要问题。

在探讨公权力机关借助市场化机制达成公共治理目标这一议题时，须对制度适用边界予以明确界定。税务机关依托破产程序实现税收债权，虽契合"以私法路径履行公共职能"的治理逻辑，但这绝不等同于可削弱公权力性质措施的适用强度。具体制度运行过程中，须防范两种异化情形：其一，将本应适用高权性规制的行政领域（诸如税收征管、秩序维护等）降格为私法调整范畴，从而产生"公法义务私法化"的规避效应；其二，在混合治理进程中，忽视公法原则的约束力。以破产程序中的税收债权实现为例，其规范路径应遵循三个维度：前置阶段，税务机关应优先运用《税收征收管理法》第38条规定的税收保全、第50条规定的代位权等法定强制措施；程序进行阶段，在遵守《企业破产法》第 19 条规定的中止执行规则的同时，须确保税款追征、滞纳金计算等公权行为的连续性；程序终结后，即便核销呆账，仍应通过信用惩戒、黑名单公示等行政监管手段维护税法权威。税务机关在维护国家税收利益时，须妥善处理公权力手段与私法方式的关系。一方面，应充分发挥私法方式在特定情境下的优势，提升治理效能；另一方面，必须坚守公权力手段的主导地位，确保国家税收利益得到切实保障。在此过程中，应避免陷入"私法万能"或"公法至上"的极端思维，而应在两者之间寻求动态平衡，以实现公共利益的最大化。

二、税务机关提出破产申请的司法实践

从各地破产实践的探索情况来看，众多法院均在不同程度上明确认可并保障了税务机关在破产程序中的申请权。例如，2018 年山东省高级人民法院发布的《山东省企业破产案件审理规程》（鲁高法〔2018〕32 号）第 13 条载明："债务人符合破产条件且存在欠缴税款、社会保险费用等情形的，相关行政机关可参照债权人身份行使破产申请权。"2021 年浙江省高级人民法院发布的《关于优化营商环境完善破产审判工作的实施意见》（浙高法发〔2021〕8 号）提出："对于长期欠税且明显缺乏清偿能力的企业，支持税务机关依法行使《企业破产法》第七条赋予的申请权。"

在司法实践领域，税务机关行使破产申请权展现出鲜明的地域性特征。聚焦长三角地区，浙江省高级人民法院于《破产案件简化审理规程》（浙高法〔2019〕45 号）中，明确将税务机关列为适格申请人，并借助府院联动机制对税务债权申报程序予以优化。此模式在珠三角地区亦有所拓展，广州市中级人民法院同国家税务总局广州市税务局就破产程序中有关税务问题达成一致意见，切实解决破产案件中的涉税问题，提高破产案件办理效率。❶ 从制度演进维度剖析，税务机关参与破产程序的权利基础涵盖三个层面：其一，

---

❶ 《广州市中级人民法院、国家税务总局广州市税务局关于进一步解决破产程序中涉税问题的若干意见（试行）》（穗中法〔2021〕208 号）。

税收债权的法定优先性构成其实体权利根基；其二，破产法的程序性规定赋予其申请主体资格；其三，机关法人制度为其提供民事主体地位支撑。然而，司法实践中仍存在标准不统一的问题。以滞纳金是否纳入破产债权范围为例，不同地区法院的认定存在差异。最高人民法院审理的（2019）最高法民申 4786 号案例确立了"滞纳金劣后清偿"规则，为类案处理提供了统一标准。

在破产法律规范体系架构中，我国司法制度针对税收征管机关的程序性权利作出了具有针对性的制度安排。《企业破产法》不仅将税收债权纳入优先受偿序列，构建起其权益保障的实体基础，更通过明确法律地位的赋予，使税收征管机关得以跻身完整债权人主体范畴。根据《企业破产法》第 7 条第 2 款之规定，当债务人不能清偿时，债权人可依法向人民法院提出重整或清算的请求，此规则对于税收债权主体而言，具有同等的法律适用效力。我国司法实践通过体系解释的方法，将税收债权的程序性权利从实体债权范畴中剥离并予以独立确认。具体而言，税收征管机关虽具有行政主体之身份，但当其依据《企业破产法》主张权利时，审判机关之审查重点集中于其是否符合债权人资格要件，而并不涉及行政职权之行使。此种法律适用原则已在多地司法实践中达成共识。就地域实践而言，京浙地区具有代表性。《北京市高级人民法院企业破产案件审理规程》（京高法发〔2013〕242 号）中明确规定，当企业符合破产条件且存在欠缴税款情形时，税收征管机关可依法向法院申请启动破产清算程序。以 2014 年北京市房山区税务机关对某温泉酒店企业申请启动清算程序之实践为例，此为该规则的成功运用。从规范文本维度考察，广东省佛山市司法机关在破产案件工作指引中，专门就税收债权的程序性权利作出解释性规定。其核心要义在于，税务机关以《企业破产法》第 7 条为规范基础，与普通债权人享有同等的程序启动权，此为对税收债权程序性权利之进一步阐释与确认。

基于法律规范体系与司法实践的协同分析，公共职能机构参与法律程序的适格性问题已形成完整的制度闭环。需特别指出的是，这类机构通过民事法律手段实现公共管理目标时，须遵循公法原理与私法规则的双重规范指引。

在权力运行范式层面，职权法定原则主要约束强制性行政行为，而涉及市场活动的行政私法行为则应遵循"非禁即准"的私法自治原则。就税收征管机构启动破产程序的适格性而言，现行税收征管规范与破产制度虽未设置明确授权条款，但通过规范解释路径可推导出隐含的授权空间。具体而言，破产制度对税收债权人的程序性权利未作特别限制，该立法空白应理解为对普通债权人规则的当然适用。这种规范解释方法既符合法律体系内在逻辑，也契合现代破产制度的发展趋势。司法实践层面的印证更为直观。北京市房山区税务机关成功启动某温泉酒店企业清算程序、浙江省税务部门将破产程序纳入"僵尸企业"处置机制等典型案例，均表明该制度设计具有现实可行性。此类程序的适用必须严格遵循双重审查标准：形式上须满足债权人身份要件，实质上须符合比例原则的要求。审判机关在审查税收征管机构的申请时，应着重考量债务清偿能力的客观状态，而非行政管理的政策需求。

第二节　税务机关作为执法机关对新生税款的征收管理

一、新生税款的定性问题

在企业进入破产程序后至办理工商注销登记期间，其法人资格依然存续，若发生应税事项，仍须依法履行纳税义务。现行《税收征收管理法》和《企业破产法》均未规定破产企业可免除纳税义务。基于此，税务机关在破产过程中扮演着双重法律角色：一方面，对破产前形成的税收债权，税务机关作为普通债权人参与破产程序；另一方面，对破产期间发生的应税行为，其行使税收征管职权。就既有欠税而言，税务机关须遵循债权申报程序主张权利；而对破产期间新发生的税款，则应由破产企业管理人依法进行纳税申报。需要指出的是，现行《企业破产法》尚未对破产期间新生税款的法律性质作出清晰界定。

从法律解释学的视角分析，在企业破产过程中新发生的税收债务，其法律属性显然不属于传统意义上的破产债权。根据《企业破产法》第44条的立法要义，破产债权的构成要件要求该债权必须形成于破产程序启动之前，即以法院受理破产申请的时间节点作为界定标准，只有对在此时间点前形成的债务主张权利才具有破产债权的法律地位。由于新生税款明显不符合这一时间要件，加之税收法律体系并未免除其法定缴纳义务，若参照《企业破产法》中有关债务清偿顺序及关键概念的界定规则，将此类税收债务归类为破产费用或共益债务，在法理上更具合理性。但需要特别说明的是，此分类不适用于企业清算阶段产生的所得税事项，因为《财政部、国家税务总局关于企业清算业务企业所得税处理若干问题的通知》（财税〔2009〕60号）已对企业清算所得的税务处理作出了系统而完备的规范。

根据《企业破产法》第41条和第42条的规定，可将破产程序中的费用支出划分为以下两类：第一类为破产费用，指在破产案件审理过程中产生的必要开支，主要包括案件诉讼费用、债务人财产的管理处置费用（含评估与分配费用）、管理人执行职务的费用及其报酬，以及聘请专业机构提供服务所产生的费用。第二类为共益债务，指破产程序启动后，基于特定法律事实而产生的债务，主要包括：因管理人或债务人向合同相对方提出继续履行未完结合同的请求而产生的债务；债务人财产因无因管理行为而产生的债务；因债务人不当获取利益而产生的返还义务；为维持债务人持续经营所需支付的劳动者薪酬及社会保险费用，以及由此产生的其他债务；管理人或相关人员执行职务致人损害所产生的债务；以及债务人财产致人损害所产生的债务。

通过对相关概念及具体情形的系统分析，可以论证将破产程序中新发生的税款纳入破产费用及共益债务范畴具有理论依据与实践可行性。具体而言，在破产财产处置阶段产生的增值税、印花税等以交易为计税依据的税种，可归类为"债务人资产变现及分配过程中产生的必要支出"；而房产税、城镇土地使用税等基于持有期间持续征收的税种，则符合"债务人财产维护与管理费用"的认定标准。此外，若在破产程序启动前已成立但尚未履行完毕的合同，在管理人决定继续履行后所涉及的税款，可归属于"因合同继续履行而新生的债务"。上述税款均构成破产程序推进过程中不可或缺的财务负担，其性质与破产费用及共益债务的核心特征，即"程序必要性"与"共益性"具有内在一致性。

需要着重说明的是，将破产程序期间新产生的税款纳入破产费用或共益债务范围并适用"随时支付"规则，并不意味着必须"立即足额支付"。该机制的关键在于确立不同债务的偿付优先级，其制度目标是通过确保关键支出的优先受偿权，为破产程序的顺利实施提供保障。这一立法意图在《企业破产法》第43条第2款中已有明确规定："债务人财产不足以清偿所有破产费用和共益债务的，先行清偿破产费用"，该规定实质上确立了法定的清偿顺位规则。在特定债务的偿付能力已得到充分保证的情况下，则不必僵化地执行"立即支付"的要求。

二、税务机关对新生税款的强制执行：基于"宁燕案"的分析

（一）案情简介[1]

2010年3月5日，宁夏回族自治区吴忠市利通区人民法院以（2010）吴利民破字第1号民事裁定书裁定受理吴忠宁燕塑料工业有限公司（以下简称宁燕公司）破产一案，并指定宁夏天纪律师事务所为破产管理人。2011年4月15日，又以（2010）吴利民破字第1-1号民事裁定书宣告该公司破产。2014年8月21日，宁燕公司管理人委托宁夏盛世开元拍卖行公开拍卖破产财产，宁夏正豪投资置业公司以2050万元拍得破产财产26.2亩国有工业用地使用权及地上附着物，并于2015年9月28日办理了拍卖破产财产的移交手续。利通地税局于2016年11月23日前分三次以吴利地税通（2016）001、002、003号税务事项通知书向宁燕公司管理人发出通知，限期缴纳税款，宁燕公司管理人在限期内没有缴纳，利通地税局又于2016年11月28日给宁燕公司管理人发出扣缴税收款通知书，并于当日作出吴利地税强扣（2016）01

---

[1] 宁夏回族自治区高级人民法院（2018）宁行申28号行政裁定书。

号税收强制执行决定书,从宁燕公司管理人在中国银行吴忠分行的存款账户扣划税款 4542309.83 元,缴入国库。宁燕公司管理人不服,认为利通地税局强制扣缴税款的行政行为法律依据错误,程序违法,请求依法撤销该行政行为。本案中一审税务机关胜诉,二审和再审税务机关败诉,税务机关的强制执行行为以被撤销而告终。

(二) 争议焦点及法院判决

1. 争议焦点

本案争议之一在于吴忠市利通区税务局扣缴的税费是否属于法律规定的破产费用。税务机关主张拍卖产生的土地增值税等属于《企业破产法》第 41 条规定的"破产费用",因其系"管理、变价财产"的必要支出,应优先清偿。管理人则反驳称,该税费因财产增值产生,属于《企业破产法》第 113 条的普通税收债权,需在清偿职工债权后进行分配。本案争议之二在于利通区税务局强制扣缴税款的行政行为的执法权限问题。根据《税收征收管理法》第 40 条,税务机关认为管理人作为财产控制方属于"纳税人",有权直接扣税。管理人抗辩称,破产管理人非"从事生产、经营的纳税人",且破产程序未进入分配阶段,税务机关突破法定清偿顺序扣税的行为违法。

2. 法院判决

一审法院认为,宁燕公司破产管理人通过拍卖方式处置 26.2 亩国有工业用地及地上附着物后,依据《土地增值税暂行条例》《营业税暂行条例》等规定产生的增值税、土地增值税等税费,属于《企业破产法》第 41 条第 1 款第 2 项规定的"管理、变价和分配债务人财产的费用",即破产费用,应优先清偿。税务机关依据《税收征收管理法》第 40 条,认定管理人作为拍卖款项控制方属于"纳税人",在三次催缴无果后强制扣划税款 454.23 万余元,程序合法,符合《税收征收管理法》及《企业破产法》规定,故驳回管理人的撤销请求。

二审法院判决,拍卖产生的税费系因财产增值形成,与"变价行为本身"无直接关联,不构成破产费用,而属于《企业破产法》第 113 条规定的

"破产人所欠税款"，应在职工债权后按普通税收债权清偿。二审法院强调，破产案件尚未进入分配阶段，税务机关直接划扣税款违反了《企业破产法》第113条的法定清偿顺序。此外，破产管理人作为司法程序中的财产处置主体，非《税收征收管理法》第40条规定的"从事生产、经营的纳税人"，税务机关无权直接强制执行其财产。

再审法院终局裁定，宁燕公司被宣告破产后已丧失经营能力，管理人作为法院指定的临时机构，仅承担财产管理职责，其行为不属于生产经营活动，故非《税收征收管理法》第40条的适用对象，根据《企业破产法》第19条、第113条等规定，破产程序启动后，任何债务清偿均须经法院审查并经法定顺序执行。税务机关直接扣划行为突破司法程序限制，构成程序违法。

终审宁夏回族自治区高级人民法院裁定维持二审判决，确认税务机关强制扣划行为违法，并强调了两点：第一，破产程序中的税款清偿必须严格遵循法定顺序；第二，税务机关在破产程序中不得绕过司法审查直接行使强制执行权。

（三）思考与启示

"宁燕案"暴露了我国破产法与税法在程序衔接和实体规则上的冲突，尤其是破产程序中新生税款的性质认定、清偿顺位及执行措施合法性等问题。

破产过程中新生税款的性质认定存在分歧。"宁燕案"的核心争议在于破产程序中产生的税费应归类为"破产费用"还是"普通税收债权"。根据《企业破产法》第41条，破产费用是指为全体债权人共同利益而支出的必要成本，例如，管理、变价财产的费用。实践中，法院对税费性质的认定存在两极化，分为管理性税费和交易性税费两种：房产税、城镇土地使用税等管理性税费因持续管理破产财产产生，通常被归为破产费用；拍卖产生的增值税、土地增值税属于交易性税费，存在争议，若其为变价财产必需支出，可视为破产费用，若因财产增值产生，则可能被归为普通税收债权。本案终审法院即否定拍卖增值税的破产费用属性，认为其属于普通税收债权。

税务机关执行权限的边界须明确，已经宣告破产的企业的破产管理人变价处理破产企业财产时的行为不属于生产、经营行为，破产管理人在此时不属于生产经营者。因此，税务机关不能以《税收征收管理法》第 40 条为依据采取冻结、查封、扣缴税款等强制措施。但值得注意的是，这种对破产管理人不属于生产经营者的认定仅限于本案中的破产清算阶段，对破产程序的其他阶段中破产管理人处理财产的行为是否属于生产经营行为，还需要根据各案具体情况具体分析。

第七章
企业破产重整的税收优惠问题

第一节 企业破产重整的税收优惠政策

根据现行税收政策,破产重整企业在重组过程中可享受多项税收优惠政策,本节将具体分税种进行梳理。

一、企业所得税优惠

(1)债务重组所得递延纳税。根据《财政部、国家税务总局关于企业重组业务企业所得税处理若干问题的通知》(财税〔2009〕59号)、《财政部、国家税务总局关于促进企业重组有关企业所得税处理问题的通知》(财税〔2014〕109号),符合条件的债务重组所得,可在5个纳税年内均匀计入应纳税所得额缴纳企业所得税。通过债转股方式化解债务的,债务清偿和股权投资均不确认所得,避免即期纳税压力。

(2)亏损弥补机制。破产重整企业通常存在历史亏损,债务重组所得可优先用于弥补亏损,剩余部分再缴纳企业所得税,减轻税负。

二、增值税优惠

《国家税务总局关于纳税人资产重组有关增值税问题的公

告》（2011 年第 13 号、2013 年第 66 号），明确资产重组中实物资产及关联债权、负债、劳动力一并转让的，不征收增值税。《财政部、国家税务总局关于全面推开营业税改征增值税试点的通知》（财税〔2016〕36 号）附件 2《营业税改征增值税试点有关事项的规定》规定，合并、分立等涉及的不动产转让免征增值税。可见，资产重组过程中，通过合并、分立、出售等方式转让实物资产及关联债权、负债和劳动力的，涉及的货物、不动产、土地使用权转让行为不征收增值税。

三、契税优惠

根据《关于继续实施企业、事业单位改制重组有关契税政策的公告》（财政部、税务总局公告 2023 年第 49 号），享有以下契税优惠：

（1）债权人承受资产免税。债权人（含职工）承受破产企业以土地、房屋权属抵偿债务的，免征契税。

（2）非债权人安置职工减免。非债权人若与原企业全部职工签订≥3 年的劳动合同，承受土地、房屋权属免征契税；若与超过 30% 的职工签订≥3 年的劳动合同，契税减半征收。

四、土地增值税优惠

根据《关于继续实施企业改制重组有关土地增值税政策的公告》（财政部、税务总局公告 2023 年第 51 号），享有以下土地增值税优惠：

（1）改制重组暂不征税。企业合并、分立或以房地产作价投资时，原企业将房地产转移至新企业的，暂不征收土地增值税。

（2）特殊行业豁免。国有资本重组（如中国联通、中信集团等）及金融机构资产处置可能享受额外的免税政策。

五、印花税优惠

根据《关于企业改制重组及事业单位改制有关印花税政策的公告》（财政部、税务总局公告 2024 年第 14 号），企业改制、合并、分立及破产清算中涉及的产权转移书据免征印花税。

六、其他税种优惠

（1）房产税与城镇土地使用税。《房产税暂行条例》第 6 条明确规定，纳税人纳税确有困难的，可由省、自治区、直辖市人民政府确定，定期减征或者免征房产税。《甘肃省财政厅、国家税务总局甘肃省税务局关于房产税城镇土地使用税困难减免税有关事项的公告》（2024 年第 2 号）明确，依法进入破产程序的企业可免征破产受理当月至程序终结期间的房产税和城镇土地使用税。《国家税务总局山东省税务局关于明确房产税困难减免有关事项的公告》（国家税务总局山东省税务局公告 2022 年第 8 号）规定，破产企业房产停止使用的，可减免受理破产申请至程序终结期间的房产税。

（2）特殊行业政策。根据《财政部、国家税务总局关于被撤销金融机构有关税收政策问题的通知》（财税〔2003〕141 号），被撤销金融机构清算期间自有的或接收的房地产、车辆，免征房产税、城镇土地使用税和车船使用税。

七、实务操作

根据《国家税务总局关于纳税信用评价与修复有关事项的公告》（国家税务总局公告 2021 年第 31 号），税务部门对重整后的企业纳税信用进行动态评估，符合条件的可修复信用，享受税收便利。此外，多数优惠政策有效期至 2027 年 12 月 31 日（如契税、印花税等）。在享受税收优惠政策时须确保重组符合"投资主体存续"等条件（如承受原企业权益比例不低于 75%）。部分政策须地方审批（如房产税减免）或满足职工安置要求。

第二节 企业破产重整中豁免债务的企业所得税应税问题

债务豁免作为企业破产重整程序中的关键措施，在促进重整计划的制定与实施、助力企业恢复生产经营能力方面发挥的作用不可替代。根据我国现行税收法规,重整过程中获得的债务豁免收益被界定为应税收入,须按照25%的标准税率缴纳企业所得税。在实践中这一规则引发了争议,重整企业虽通过债务豁免来缓解财务困境,却同时面临巨额税负压力,这在很大程度上削弱了债务豁免制度挽救困境企业的初衷。

从理论层面考察,债务重组的应税属性已在学术界达成普遍共识。税法学界与破产法学界均对此问题给予了持续关注。例如,有学者在探讨存续式重整的制度风险时明确指出,现行税收政策将债务豁免收益纳入应税范围,与重整制度的价值目标存在内在冲突。这种制度性矛盾不仅增加了重整程序的实施难度,也在一定程度上影响了重整制度的整体效能。

在实践层面,破产重整程序终结后,通常会保留债务人的主体资格,未清偿债务会获得实质性豁免。然而,我国破产立法对债务豁免是否征收税款的问题并未作出明确规定。税务机关依据企业重组相关的税法规范,将债务豁免收益纳入应税所得范畴,这一执法立场引发了重整企业及其债权人等利益相关方的疑问。各方争议的焦点在于,如何同时确保税收公平原则的实现和破产重整制度的挽救价值。

一、企业破产重整中豁免债务负担所得税的非正当性

在明确破产重整独立于债务重组的价值内涵后,关于重整豁免债务所得是否仍应遵循企业所得税课征的基本原则,是制度完善路径中的一个很重要的问题。这种课税模式不仅违背了税收公平原则,还会导致多重利益关系失衡:其一,在企业利益层面,重整企业因债务豁免获得的有限财务纾困空间被高额税负所侵蚀,削弱了重整制度的挽救功能;其二,在国家利益层面,过度强调税收征管可能导致重整失败,最终反而减少税收收入;其三,在群体利益层面,债权人、债务人及其他利益相关方的权益分配因税负问题而进一步复杂化。这种危害性结果凸显出现行税法规范与破产重整制度价值目标之间的深层冲突,需要通过制度调整予以解决。

(一)将重整企业税负不当转嫁于债权人

企业所得税作为直接税种,通常不具备税负转嫁的特性,但在破产重整

的特殊情境下，这一原则存在例外情形。根据《财政部、国家税务总局关于企业重组业务企业所得税处理若干问题的通知》（财税〔2009〕59号）的规定，针对债转股与其他债务重组方式，分别采取了递延确认与分期缴纳的差异化处理模式。具体而言，在债转股情形下，债务重组所得与损失暂不予确认，债权人所转股权投资的计税基础仍以原债权计税基础确定；而在其他债务豁免方式中，若债务重组所得占企业当年应纳税所得额50%以上，则允许在5个纳税年度内均匀计入各年度应纳税所得额。

现行企业所得税制对重整企业的课税模式，延续了正常经营状态下企业重组的税负分配机制，重整债务人就债务重组所得缴纳企业所得税，债权人可就债务重组损失进行税前扣除。这种制度设计在破产重整语境下引发了复杂的税负转嫁效应。若免除重整企业债务豁免所得的纳税义务，相应的税收损失将由国家承担，而不会额外增加债权人的税务负担。然而，在现行课税模式下，尽管形式上由债务人承担所得税税负，但由于重整企业已丧失清偿能力且所有权实质转移至债权人，实际税负最终转嫁至债权人群体。

这种税负分配机制导致债权人面临着双重负担：不仅须承担债务豁免带来的直接经济损失，还间接承担了本应由债务人缴纳的企业所得税。并且这种制度安排还可能影响债权人的经营发展，进而对国民经济稳定构成潜在风险。因此，有必要重新审视破产重整情境下的企业所得税课征规则，以平衡国家税收利益与债权人权益保护之间的关系。

（二）不符合"课税特区"原理的要求

课税特区理论主张，为保障纳税人的合法权益，税务机关应在特定领域审慎行使征税权或对既有税法规则进行适应性调整，这一理论在实体税法与程序税法两个层面均具有重要指导意义。破产程序作为课税特区的典型场域，其特殊性已得到普遍认可。从比较法视角观察，发达国家通常将企业重组区分为"应税重组"与"免税重组"两种模式，前者对资产交易所得即时征税，后者则允许递延纳税。重整计划的成功实施在很大程度上取决于债务重组谈判的成效，而经法院裁定批准的重整计划对债务处理方案具有强制约束力，债权人对其豁免的债权部分将丧失请求权。

基于破产重整程序的特殊性质，有必要对债务人企业采取差异化的税收政策。具体而言，债权人豁免的债务不应计入债务人当期应税所得。从税法功能的角度考量，税收制度应当体现公共性原则：当纳税人面临生存危机时，国家负有救助义务。通过涵养税源、扶持企业发展，才能实现社会财富的良性循环，而过度征税则可能破坏经济生态系统的稳定性。因此，在破产重整程序中构建特殊的税收规则，既是课税特区理论的内在要求，也是实现税收正义与经济效益平衡的必然选择。

二、企业破产重整中豁免债务的所得税课税除外原理

破产重整中债务豁免的所得税课税除外原理，本质上是基于税法与破产法价值目标的协调需求，以及对债务豁免经济实质的再界定。因此，我国税法应遵循企业所得税除外原则，将破产重整中的债务豁免定性为不征税收入，并据此构建相应的规范体系。

这一制度设计的正当性基础在于：首先，从税收构成要件理论出发，重整豁免债务不符合应税所得的实质特征；其次，基于量能课税原则，处于破产重整状态的企业已丧失相应的纳税能力；最后，从法际协调的角度考量，对重整豁免债务免征税款有助于实现破产法与税法的价值统一。因此，将重整豁免债务纳入不征税收入范畴，不仅是税收公平原则的体现，更是优化营商环境、促进企业重生的制度保障。

（一）重整豁免债务不符合所得税征收客体的特征

从所得税的本质属性分析，应税所得应当具备收益性、实现性及可支配性等基本特征。重整豁免债务产生于企业丧失清偿能力的特殊情形，其本质是债权人对债务人部分债权的放弃，而非债务人主动获取的经济利益。这种被动获得的债务减免并不构成企业的实际收益，缺乏收益性的核心要件。

从经济实质角度考察，重整豁免债务并未给企业带来净资产的实质性增加。债务豁免虽在会计处理上体现为所有者权益的增加，但这仅是账面调整，并未伴随实际经济资源的流入。因此，其不具备纳税所得的经济实质。

从税收公平原则审视，将重整豁免债务纳入应税所得范围有违量能课税

原则。处于破产重整状态的企业已丧失正常经营能力，其纳税能力显著低于正常经营企业。对纳税能力不足的企业课税，不仅难以实现有效征管，还可能进一步恶化企业的财务状况。

从法际协调视角分析，对重整豁免债务免征税款有助于实现破产法与税法的价值统一。破产重整制度旨在挽救困境企业、维护社会经济秩序，若对豁免债务课税，将削弱重整制度的实施效果，与破产法的立法宗旨相悖。

重整豁免债务因缺乏收益性、未带来净资产实质增加、违背量能课税原则且与破产法价值目标冲突，故不符合所得税征收客体的基本特征，应当排除在应税所得范围之外。

（二）重整豁免债务作为所得税不征税收入的应然法律定位

根据所得税法原理，应税所得应具备经营对价性、可支配性和重复发生性三大特征。破产重整中的债务豁免具有显著的"非经营性"特质：其一，豁免产生于债务人丧失清偿能力的特殊状态，与正常经营决策无涉；其二，债权人让渡权利系基于司法强制而非商业对价，不具有市场交易性质；其三，豁免金额对应的是历史累积债务而非新增价值，本质上属于资本结构调整而非收益实现。这与财政性资金、行政事业性收费等不征税收入的构成要件具有同质性。现行《企业所得税法》将债务重组收益纳入应税范围，但未对破产重整作出特别安排，存在制度衔接漏洞。从程序性质分析，破产重整是法院主导的司法拯救程序，债务豁免方案须经债权人会议表决和司法审查确认，已超出平等主体间意思自治范畴。司法程序形成的债务减免具有准行政行为性质，与普通民事债务重组存在本质差异。

第三节 特殊性税务处理在企业破产重整中的适用性

一、破产重整中债务重组的特殊性税务处理规则

特殊性税务处理指的是在符合税法规定条件的情况下，基于权益连续性、

经营连续性、合理的商业目的及纳税必要资金原则等理论基础，构建的一套不同于一般性税务处理的规则体系。在特殊性税务处理规则下，对于获取了债务重组收益的债务人来说，可以根据不同的业务形式采用递延纳税或者分期纳税两种处理方式。需要说明的是，无论是递延纳税还是分期纳税，由于企业的应纳税总额总体上并未减少，因此，特殊性税务处理并非一项税收优惠政策。

根据《财政部、国家税务总局关于企业重组业务企业所得税处理若干问题的通知》（财税〔2009〕59号）第5条，适用特殊性税务处理规定需要同时满足下列条件：（1）具有合理的商业目的，且不以减少、免除或者推迟缴纳税款为主要目的；（2）被收购、合并或分立部分的资产或股权比例符合本通知规定的比例；（3）企业重组后连续12个月内不改变重组资产原来的实质性经营活动；（4）重组交易对价中涉及股权支付金额符合本通知规定比例；（5）企业重组中取得股权支付的原主要股东，在重组后连续12个月内，不得转让所取得的股权。根据该通知第6条，同时满足第5条规定的情况下，交易各方对其交易中的股权支付部分，可以按以下规定进行特殊性税务处理：企业债务重组确认的应纳税所得额占该企业当年应纳税所得额50%以上，可以在5个纳税年度的期间内，均匀计入各年度的应纳税所得额；企业发生债权转股权业务，对债务清偿和股权投资两项业务暂不确认有关债务清偿所得或损失，股权投资的计税基础以原债权的计税基础确定。企业的其他相关所得税事项保持不变。

二、特殊性税务处理在企业破产重整中的适用性分析

现行企业重组特殊性税务处理规则以"经营连续性"与"权益连续性"为适用前提，与破产重整的特殊性存在结构性冲突。从商业目的要件出发，《财政部、国家税务总局关于企业重组业务企业所得税处理若干问题的通知》（财税〔2009〕59号）要求重组具有合理商业目的且不以避税为主要目的，但破产重整的核心目标是债务清理而非商业扩张，税务机关易将"保壳"目的推定为缺乏正当商业动机。从股权支付比例上看，85%的股权支付比例要

求与破产重整"债转股"实际需求脱节。根据各上市公司重组公告，混合对价（现金+股票+留债）成为主流模式，导致多数重整计划无法满足免税条件。在经营连续性标准中，要求重组后12个月内不改变主要经营活动，但优质重整企业往往须剥离亏损业务转型发展。此外，现行特殊性税务处理规则与破产重整在计税时点、亏损利用和程序衔接等方面存在错配。

第四节 出资人权益调整计划的税务分析

出资人权益调整作为企业破产重整的核心技术手段，通过股权结构重构实现债务清偿与资本补充的双重目标。其税务处理涉及《企业所得税法》《个人所得税法》《信托法》等多维度规则交叉，在法理层面须回应"权益性交易"与"应税事件"的定性争议，在制度层面面临税法规则与破产法理的协同性缺失的挑战。本节从股权增发、资本公积转增股本及信托架构三类典型调整模式展开体系化分析。

一、股权增发的税务穿透性分析

股权增发作为稀释原股东权益、引入新资本的常规手段，其税务影响需穿透至交易各方。

从出资方视角出发，股权增发分为货币增资和非货币增资。货币增资是新股东以现金认购股权，根据《企业所得税法实施条例》第56条，属于资本性投入，不确认损益，不得调整该资产的计税基础。非货币资产增资须分解为"资产转让+股权投资"两个环节。在资产转让环节，根据《增值税暂行条例实施细则》第4条的规定，非货币性资产出资视同销售，须缴纳增值税（特殊资产除外）；在股权取得环节，根据《企业所得税法实施条例》，按公允价值确认长期股权投资的计税基础。

从目标公司视角出发，股权增发溢价部分计入资本公积，依据《财政部、国家税务总局关于企业重组业务企业所得税处理若干问题的通知》（财税〔2009〕59号），若符合"权益连续性"要件（原股东持股比例不低于50%），可适用特殊性税务处理，暂不确认所得。此外，根据《企业所得税法》第46条，企业从其关联方接受的债权性投资与权益性投资的比例超过规定标准而发生的利息支出，不得在计算应纳税所得额时扣除。

从原股东视角出发，股权稀释本身不构成应税事件，但若增资导致控制权丧失（如持股比例低于20%），可能须对留存收益中对应份额视同分红征税（《个人所得税法》第2条）。

二、资本公积转增股本的税法评价

资本公积转增股本的转增性质可分为资本公积溢价部分转增和其他综合收益部分转增。根据《国家税务总局关于贯彻落实企业所得税法若干税收问题的通知》（国税函〔2010〕79号）第4条，资本公积转增股本属于权益内部结构调整，不作为投资方企业的股息、红利收入，投资方企业也不得增加该项长期投资的计税基础。其他综合收益转增股本，如债务重组收益转入资本公积后转增，可能被认定为《企业所得税法》第6条的"其他所得"，则会计入企业所得税的计税依据，缴纳企业所得税。

三、信托架构的税法风险

信托工具在破产重整中用于资产隔离与债务证券化。委托人将资产注入信托，在信托设立阶段可能被认定为财产转让，须缴纳增值税、土地增值税，如房地产信托。若采用委托人自任受托的"宣言信托"模式，依国税函〔2005〕424号暂不视同销售，但存在后续收益分配征税争议。在信托计划存续期间，若信托收益未分配，按《企业所得税法》第1条须由受托人作为纳税主体，适用25%的税率；若约定"收益归受益人所有"，可能触发《个人所得税法》第3条的穿透征税，适用20%的税率，与《信托法》第17条的财产独立性原则相冲突。在信托计划终止阶段，信托财产返还委托人时，增值部分可能被视同"二次转让"征税，如《日本法人税法》第12条；实务中可通过"结构化信托"设计递延纳税：将清算所得转化为对受益人的债权,适用《企业所得税法》第 18 条的亏损弥补规则。

四、案例分析:海南航空控股股份有限公司破产重整案

(一)案情简介

海南航空控股股份有限公司(以下简称海航控股)破产重整案是中国企业破产重整史上规模最大、复杂性最高的案例之一。出于经营失当、管理失范、投资失序等原因,海航集团于 2017 年底爆发流动性危机,之后虽有各方支持,但未能成功化解风险,并转为严重的债务危机。2021 年 10 月经法院批准实质合并重整计划。

根据法院裁定的重整计划,海航控股核心债务规模确认为 1613 亿元,但企业实际清偿能力仅为 1077 亿元。为解决 536 亿元的债务缺口,重整方案采取债务豁免方式。税法规定债务豁免收益须按 25% 的税率缴纳企业所得税,由此会产生 134 亿元的税务成本。

(二)重整方案

1. 出资人权益调整方案及引入战略投资者

采用资本公积转增股本方案,新增 164 亿股用于债务重组。上述转增形成的股票不向原股东分配,将向债权人分配以抵偿债务,并由管理人进行处置,其中:(1)辽宁方大集团以 123 亿元认购 44 亿股,其中 2 亿股不实际取得,用于风险化解基金。方大航空实际取得 42 亿股,股票转让价款共计 123 亿元优先用于支付重整费用和清偿部分债务,剩余部分用于补充流动资金以提高公司的经营能力。(2)剩余 120 亿股,按每股 3.18 元抵偿债务,抵债价格较二级市场折价 28.3%。

2. 债务重组

(1)优先债权。职工债权与税款债权现金全额清偿,不作调整,在重整计划执行期间以自有现金全额清偿,如自有资金不足的,以战略投资者投入的资金依规统一安排清偿。

(2)财产担保债权。实施 10 年分期留债清偿,利率采用原合同利率与

2.89%孰低原则,降低财务费用压力。每年按照未偿还本金的金额付息;还本比例分别为2%、4%、4%、10%、10%、15%、15%、20%、20%。

(3) 普通债权。普通债权分为救助贷款和其他普通债权两种情形处理,救助贷款本金及利息部分参照有财产担保债权清偿,其他部分按照普通债权方式清偿。其他普通债权,分为关联方清偿和股票抵债方式进行清偿,64.38%的债务由海航集团承担,35.61%的债务转为股票抵偿,综合清偿率约20%。

3. 重整结果

2021年12月31日,海南省高级人民法院裁定海航控股重整计划执行完毕。重整计划显示,债务重组确认收益168.27亿元,包括债转股收益120.82亿元、留债收益47.45亿元。

(三) 思考与启示

海航控股破产重整案例为中国企业风险化解提供了样本,其经验教训对制度完善与企业治理具有多重启示。

第一,制度层面,现行《企业所得税法》对重整企业债务豁免所得的征税规则有待优化。破产重整中,资产处置涉及的增值税、土地增值税、企业所得税等税费可能会阻碍重整的进行。债务减免产生的重组收益需要缴纳企业所得税,这对资不抵债的企业是一笔巨大的负担。尽管《企业所得税法》规定了特殊性税务处理,但海航控股因债务规模庞大,需要在税务合规与现金流压力之间进行平衡。建议借鉴国际经验建立"递延纳税"机制,允许企业在恢复盈利能力后分期缴纳税款,避免现金流被高额税负二次抽空。

第二,企业治理层面,海航控股通过短期融资支撑长期资产投资,形成"短债长投"的高杠杆模式。截至2017年,海航控股短期债务占比超50%,对应1.23万亿元非流动资产,流动性错配率极高,因此提示企业须建立债务期限匹配预警机制。

第八章

破产房地产企业的土地增值税分析

第一节 破产房地产企业土地增值税的法律属性

在房地产企业破产程序中,土地增值税清算作为一项关键环节,须在破产法框架下进行。根据《企业破产法》第7条,破产程序的启动须经法院裁定受理,此后清算程序方可在司法监督下正式展开。在此过程中,法院及破产管理人依据《企业破产法》相关规定对土地增值税清算实施全程监督与指导,以确保程序的合法性、公平性与效率性。土地增值税的法律属性及清偿顺位是影响破产财产分配与重整可行性的核心问题。其法律属性须从税法属性、破产债权性质及实务争议焦点三个维度进行体系化分析。

一、土地增值税的税法属性:行为税与清算义务的复合性

(一)法律依据

根据《土地增值税暂行条例》第2条,土地增值税是对转让国有土地使用权、地上建筑物及其附着物并取得收入的单位

和个人征收的税种,属于行为税。其计税依据为土地增值额(转让收入扣除法定扣除项目后的余额),实行四级超率累进(30%~60%)的税率。

(二)清算时点的特殊性

土地增值税采取"预征+清算"模式。在预征阶段,通常按销售收入乘以1%~5%的预征率预征。在清算阶段,当项目达到清算条件(如竣工验收、销售比例超过85%)后进行清算。破产时若项目未达清算条件,土地增值税金额处于不确定状态,须通过模拟清算确定应纳税额。

(三)纳税义务发生时间争议

根据《土地增值税暂行条例实施细则》第15条,纳税人应在转让房地产合同签订后的7日内,到房地产所在地主管税务机关办理纳税申报。但破产程序中资产处置可能以拍卖、变卖等方式进行,是否触发纳税义务须结合交易性质判断(如司法拍卖是否属于"转让")。

二、破产债权性质:税收债权的优先性边界

(一)税收债权的优先顺位

根据《企业破产法》第113条,税收债权在破产费用、共益债务及职工债权之后,普通债权之前受偿。土地增值税作为税种之一,原则上享有该顺位。但企业已预缴的土地增值税属于企业资产,不构成税收债权;此外,税收滞纳金有别于税收债权,劣后于普通债权。

(二)未清算土地增值税的处理困境

若企业在破产时未完成土地增值税清算,税务机关需要承担申报义务,在破产债权申报期内提交土地增值税清算申报表,但评估难度大;同时,破产管理人可委托第三方机构核定应纳税额。

(三)与担保物权的优先权冲突

《税收征收管理法》第45条规定税收债权劣后于担保物权,但《企业破产法》未明确税收债权与担保物权的顺位关系。实务中,担保物权人就特定财产(如土地)的变现款优先受偿,剩余部分再清偿土地增值税。

三、破产清算中土地增值税的实务争议焦点

在房地产企业破产清算中,土地增值税的处理涉及税法与破产法的交叉适用,实务中争议焦点主要集中在以下五个方面:

(一)优先权顺位冲突:税收债权与担保物权的对抗

《税收征收管理法》第45条规定税收债权劣后于担保物权;《企业破产法》第113条将税收债权整体列于普通债权之前,但未明确其与担保物权的顺位关系。因此,在实务中可能会存在税收债权与担保物权的对抗情形,例如,担保物权人主张对特定财产(如土地)变现款的绝对优先受偿权,税务机关则要求从同一财产变现款中优先清偿土地增值税。

(二)纳税义务发生时间:破产资产处置的税法定性

纳税义务发生时间的争议核心在于对"转让"的认定。破产程序中司法拍卖、以物抵债等资产处置行为是否构成税法意义上的"转让",从而触发土地增值税纳税义务。根据《土地增值税暂行条例》第2条,任何权属转移均应视为应税行为。但有观点认为,司法强制处置不具备商业交易属性,不产生纳税义务。因此,在实务中存在对纳税义务发生时间认定的争议。

(三)模拟清算技术标准:未完成项目的税额核定

未完成项目的税额核定的困境根源在于通过模拟清算确定应纳税额,但缺乏统一标准,因为房企破产时多数项目未达法定清算条件(如销售率低于85%)。按实际发生比例还是按建筑面积分摊成本,以合同签订日还是产权转移日为基准确定收入等问题缺乏统一标准。

(四)新生税款定性:破产费用抑或普通债权

破产程序启动后处置资产产生的土地增值税的定性存在法律空白,属于《企业破产法》第41条"破产费用"还是第113条"税收债权",未有明确规定。若列为破产费用,优先全额清偿,但可能过度消耗债务人财产;若列为普通税收债权,清偿顺位降低,但符合纳税义务发生时间的逻辑。

(五) 关联交易避税：非公允价格转让资产的认定

在实务中存在房地产企业在破产前通过关联方低价转让资产，减少土地增值税税基的情形。对于税务机关来说，审查难点在于"合理商业目的"与"避税意图"的界定、交易价格偏离市场价的比例认定（如 ±20% 或 ±30%），若管理人发现房企以评估值的 30% 向关联方转让土地，税务机关则可依《特别纳税调整实施办法（试行）》第 38 条重新核定交易价格，追缴土地增值税及滞纳金。

第二节 破产房地产企业土地增值税的清算条件

土地增值税清算是指纳税人在符合土地增值税清算条件后，依照税收法律、法规及土地增值税有关政策规定，计算房地产开发项目应缴纳的土地增值税税额，并填写土地增值税清算申报表，向主管税务机关提供有关资料，办理土地增值税清算手续，结清该房地产项目应缴纳土地增值税税款的行为。房地产企业的土地增值税清算表现出清算规则较多、清算工作量较大、清算周期较长、税负成本较高等特点，在企业进入破产程序后，土地增值税清算的特点与破产程序中高效性、公平性、债权顺位等特点相冲突，如何化解涉税处理的风险，是我们需要解决的重点问题。

一、税法层面的法定清算条件

土地增值税的清算期间具有不确定性，可以长于一个会计年度，也可以短于一个会计年度。清算之前按期预缴，达到清算时限条件时，则必须按规定进行清算，多退少补。土地增值税清算的条件分为两类：一是纳税人应该进行清算的条件：（1）房地产开发项目全部竣工、完成销售的；（2）整体转让未竣工决算的房地产开发项目的；（3）直接转让土地使用权的。二是主管税务机关可以要求纳税人进行清算的条件：（1）已竣工验收的房地产开发项目，已转让的房地产建筑面积占整个项目可售建筑面积的比例在 85% 以上，或该比例虽未超过85%，但剩余的可售建筑面积已经出租或自用的；（2）取得销售（预售）许可证满三年仍未销售完毕的；（3）纳税人申请注销税务登记但未办理土地增值税清算手续的；（4）省（自治区、直辖市、计划单列市）税务机关规定的其他情况。

土地增值税清算条款规定了税务机关可以要求纳税人进行土地增值税清算的条件，达到该条件后，税务机关具体何时要求纳税人进行清算的随意性较大。实务中，主管税务机关为平衡当年征税指标或其他目的，可以要求纳税人在达到清算条件后立即或延迟进行清算。而在破产程序中，怠于清算的后果可能直接影响税收债权和破产费用的确认。

破产企业往往因资金链断裂导致项目烂尾，难以满足上述"竣工"和"销售比例"的条件。此时须突破常规清算规则，通过模拟清算或司法裁定确定清算义务。

二、破产程序触发的清算条件

根据《企业破产法》第25条，管理人接管债务人财产后，须全面清理债务，包括税务债务。无论项目是否达到税法清算条件，破产程序本身即构成强制清算的触发事由。对未竣工项目按已完工部分进行清算；若未达到销售比例，则以实际销售比例核定扣除项目金额（如销售率为60%，则土地成本按60%分摊）。

在破产程序中，管理人通过司法拍卖、以物抵债等方式处置土地或房产，根据《土地增值税暂行条例实施细则》第72条，该行为视为税法意义上的"转让"，须清算土地增值税。但存在例外情形，若资产处置用于续建复工（如引入投资人续建烂尾楼），可能暂缓清算。❶ 法院可通过模拟清算，即委托评估机构按破产受理日的项目状态核定应纳税额，亦可采取成本核定的方式，对未取得合法凭证的成本由税务机关依《税收征收管理法》第35条核定扣除（如参考同期同类项目成本）。

---

❶ 浙江省高级人民法院《破产案件管理人工作指引》第45条。

三、实务操作的核心要点

清算程序启动后，管理人须在接管后 30 日内向税务机关发出清算通知，税务机关须共同参与清算，提供项目资料（如销售台账、成本凭证），配合核定税额。在扣除项目核定中，土地成本按实际支付的地价款或基准地价孰高确认；烂尾项目的开发成本按实际投入比例分摊（如某房企破产案中，已投入开发成本占预算的 40%，则按 40% 扣除）；若利息费用无法提供金融机构证明，按"土地成本＋开发成本"乘以 5% 计算。

此外，需要对破产期间处置资产产生的土地增值税进行定性，从而确定土地增值税的清偿顺序。若处置资产是为维持企业继续经营（如续建融资），则列为共益债务；若属单纯资产变现，则列为普通税收债权。根据《企业破产法》第 113 条，在优先权冲突解决方面，土地增值税（税收债权）劣后于破产费用、共益债务及职工债权；根据《民法典》第 387 条，土地拍卖款优先清偿抵押权人（担保物权优先），剩余部分用于缴纳土地增值税。

破产房地产企业的土地增值税清算条件，实质是税法形式要件与破产实质拯救的价值平衡。未来需通过立法明确"破产清算优先于税务清算"原则，允许在司法程序中突破常规清算条件，同时完善成本核定与优先权规则，避免税负不确定性阻碍破产制度功能的发挥。唯有实现税法与破产法的制度协同，方能兼顾税收公平与挽救企业的法治目标。

第三节 破产房地产企业土地增值税的征收方法

根据《税收征收管理法》及其实施细则的规定，税款征收方式主要为查账征收与核定征收。核定征收是指税务机关对不能完整、准确提供纳税资料的纳税人，采用特定方法确定其应纳税收入或应纳税额，并由纳税人据以缴纳税款的一种征收方式。

目前，土地增值税领域涉及核定征收的规定包括：（1）《土地增值税清算管理规程》（国税发〔2009〕91号）第33条规定："在土地增值税清算过程中，发现纳税人符合核定征收条件的，应按核定征收方式对房地产项目进行清算。"（2）《国家税务总局关于加强土地增值税征管工作的通知》（国税发〔2010〕53号）第4条规定："对确需核定征收的，要严格按照税收法律法规的要求，从严、从高确定核定征收率。为了规范核定工作，核定征收率原则上不得低于5%。"（3）《国家税务总局关于进一步做好土地增值税征管工作的通知》（税总发〔2013〕67号）第2条规定："要严格执行核定征收规定，不得擅自扩大核定征收的范围，对不符合核定征收条件的，坚决不得核定征收，对符合条件、确需核定的，要根据实际情况从严确定核定征收率，不搞一刀切。"从这些规定可以看出，税务总局对土地增值税核定征收的态度是从严把握核定范围，从高确定核定征收率。事实上，核定征收方法不限于核定征收率，还包括核定转让收入金额、核定扣除项目金额等。

一、土地增值税的基本计算方法

（一）计税依据

土地增值税以纳税人转让房地产所取得的增值额为计税基础，计算公式为：

$$应纳税额 = 增值额 \times 适用税率 - 扣除项目金额 \times 速算扣除系数$$

其中，增值额为转让收入减去扣除项目金额（包括土地成本、开发成本、税金、利息及加计扣除等）。

（二）税率及速算扣除系数

土地增值税实行四级超率累进税率：

增值额≤扣除项目金额50%：税率为30%；

50%＜增值额≤100%：税率为40%，速算扣除系数为5%；

100%＜增值额≤200%：税率为50%，速算扣除系数为15%；

增值额＞200%：税率为60%，速算扣除系数为35%。

二、破产清算中的特殊处理

（一）纳税申报与欠税清理

管理人须接管企业税务事项，解除税务非正常户状态，补办纳税申报并处理滞纳金、罚款等债权申报。破产前未缴的土地增值税须按开发阶段（土地获取、建设、销售）分税种清理，包括契税、印花税、城镇土地使用税等。

（二）资产处置涉税处理

1. 直接转让资产

按正常流程计算土地增值税，须区分不同资产类型（如普通住宅、非普通住宅）适用不同税率。普通住宅若增值额未超过扣除项目金额的20%，可免征土地增值税。

2. 股权转让模式

若通过股权转让变相处置房地产，可能规避土地增值税，但须注意税务机关可能依据实质课税原则调整征税。

3. 预征与清算衔接

破产前已预缴的土地增值税须在清算时多退少补。若项目达到清算条件，管理人须委托专业机构进行清算，确定最终应纳税额。

三、扣除项目的特殊规定

（一）加计扣除

从事房地产开发的企业可对"土地使用权成本＋开发成本"加计20%扣除，但仅限于具有开发资质且实际开发业务的企业，二手房转让不适用。

（二）旧房转让扣除

能提供评估价格的，按评估价、地价款、转让环节缴纳的税金的顺序扣除；仅有购房发票的，按发票金额每年加计5%扣除；无评估价或发票的，税务机关可核定征收。

四、实务操作的注意事项

房地产企业破产案中,大多数案件涉及预售期房烂尾楼,利益纠纷十分复杂,甚至关乎社会稳定。例如,在破产重整中,虽然股权变动不会导致土地增值税清算,但房地产开发项目全部竣工、完成销售的,需要进行土地增值税清算,这就要求投资人结合前期预缴情况预估土地增值税成本。在破产清算中,整体转让未竣工结算房地产开发项目的、直接转让土地使用权的、申请注销税务登记但未办理土地增值税清算手续的,都需要进行土地增值税清算。

清算审核的内容较多,审核的程序和方法较为复杂。例如,对收入的审核对象,不仅包括正常销售收入的审核,也要关注抵款、投资、福利分房等视同销售收入,审核内容不仅包括发票、合同,还要结合资金流水、销售面积审核其关联性、合理性。对扣除项目的审核,审核对象涉及土地成本、前期费用、建设成本、基础设施、配套设施、间接费用、开发费用等七个主要项目,审核的期间覆盖项目开发的全部周期,在项目涉及多种房屋业态、分期开发等情况下,成本的确认和分摊则更为复杂,审核工作量较大。实务中,土地增值税的审核工作期间(包括纳税人自查清算和主管税务机关审核)通常长达数月甚至超过一年,在破产程序中,这样的审核时限将影响破产程序的高效开展。

第四节 破产房地产企业土地增值税的清算周期

在房地产企业破产程序中,土地增值税的清算周期通常显著长于正常经营状态下的清算周期,其时间跨度受多重因素影响,本节将做具体分析。

一、清算周期的核心影响因素

(一)破产程序特殊性

资产处置方式:整体转让项目或分割处置(如续建后销售)直接影响清

算时点与计税方式。

债权确认争议：土地增值税优先受偿权与购房人债权、工程款债权的冲突须司法裁决，可能中断清算进程。

税务非正常户解除：须补报破产前缺失的纳税申报表，耗时 1~3 个月。

（二）技术性核查难度

资料完整性：账册缺失、票据遗失（尤其关联企业交易凭证）须补充鉴证资料，延长 3~6 个月。

成本分摊争议：多业态（住宅/商铺/车位）、多期开发项目的成本分摊须反复论证，耗时 2~4 个月。

收入核定分歧：以房抵债、关联方交易等非现金收入的公允价值认定须第三方评估，耗时 1~2 个月。

（三）行政程序效率

税务审核层级：基层税务机关初审（30~60 日）—市级局复审（30~45 日）—重大争议报省局（30 日）。

税款提存机制：争议税款提存比例须债权人会议表决，耗时 1~2 个月。

二、典型清算阶段与时间分布

破产房地产企业典型清算阶段、主要工作内容及时间分布情况如表 8-1 所示。

表 8-1 典型清算阶段与时间分布

阶段	主要工作内容	时间分布
基础数据归集	收集项目立项文件、土地出让合同、施工许可证、销售台账、成本票据等	1~3 个月
自查清算申报	管理人委托税务师事务所编制清算报告，确定收入总额、扣除项目及计算增值额	2~4 个月
税务审核	主管税务机关逐项核查收入真实性、成本合法性、分摊合理性，要求补充证据或调整申报	3~6 个月

续表

阶段	主要工作内容	时间分布
争议处理	对税务机关清算审核结论提出异议，申请听证或行政复议	1~3个月
税款入库	根据最终清算结果补缴税款或办理退税，涉及破产财产分配方案调整	1~2个月

注：实务中完整清算周期通常为8~18个月，若存在重大争议（如成本虚增、收入隐匿），则可能超过24个月。

三、缩短清算周期的实务策略

（一）前置税务尽职调查

在破产受理前，通过"税务健康检查"锁定土地增值税预缴基数、可扣除项目及潜在争议点，减少后续核查阻力（可缩短1~2个月）。

（二）采用模块化清算申报

将开发项目分解为"土地成本、建安工程费、公共配套"三大模块，分阶段提交审核材料，实现"边申报边审核"（缩短2~3个月）。

（三）推动核定征收适用

对账目严重缺失或成本证据链断裂的项目，依据《土地增值税清算管理规程》第34条申请核定征收，但须注意：（1）核定征收率不得低于预征率（如住宅5%、商铺6%）；（2）须经债权人会议表决通过税款的核定方式。

（四）建立税企联动机制

与税务机关协商确定"清算进度时间表"，对无争议部分先行确认，争议项目单独挂账处理，避免整体清算停滞。

四、司法实践中的特殊情形

（一）"保交楼"政策影响

对纳入政府"保交楼"清单的烂尾项目，可申请暂缓清算审核，待续建完成后按最终销售数据清算，但须缴纳清算保证金（通常为预缴税款的 20%～30%）。

1. 政策适用条件与法律依据

（1）准入资格

①项目须列入省级政府"保交楼"专项纾困名单，且续建方案经住房和城乡建设部门审批。

②根据《企业破产法》第 61 条，项目公司已进入破产程序，且债权人会议表决通过"续建+暂缓清算"方案。

（2）暂缓清算依据

根据《税收征收管理法》第 31 条延期缴纳税款的规定，税务机关可要求提供纳税担保后暂缓清算，但须满足：

①续建完成后将产生新的应税收入，具备最终清算的可行性；

②暂缓期间不影响税款优先权。

2. 清算保证金的核心规则

破产房地产企业缴纳清算保证金须遵循一些核心规则，如表 8-2 所示。

表 8-2 清算保证金的核心规则

要素	操作细则
缴纳基数	按破产受理前已预缴土地增值税的 20%～30% 核定，具体比例由省级税务部门确定（如河南省规定为 25%）
担保形式	优先采用现金保证金，亦可由地方城投平台或金融资产管理公司出具连带责任保函（须税务机关事先书面认可）
资金管理	保证金专户存入法院或政府共管账户，续建期间产生的利息归属于破产财产，不得用于抵税
退还条件	续建完成且完成土地增值税清算后： ①若清算应纳税额≤预缴税款：退还全部保证金； ②若清算应纳税额＞预缴税款：优先从保证金中抵扣差额，剩余部分退还

3. 暂缓清算的衔接程序

（1）申请流程

步骤1：管理人向税务机关提交暂缓清算申请书，并附续建方案、保证金缴纳凭证及债权人会议决议。

步骤2：税务机关在20个工作日内出具税务事项通知书，明确暂缓期限（一般不超过续建期+6个月）。

步骤3：续建完成后的30日内启动清算程序，按实际销售价格重新核定收入。

(2) 风险控制机制

动态监管：税务机关按季度调取续建工程进度款支付凭证、新预售合同备案数据，核查是否虚增成本或转移收入。

违约处置：若项目未按期续建或擅自转移资产，税务机关可直接划扣保证金并提前启动清算程序。

4. 争议解决与救济路径

(1) 保证金比例异议

对税务机关核定的保证金比例不服的，管理人可依据《税务行政复议规则》第14条申请复议，但复议期间不停止保证金的缴纳。

(2) 续建失败处理

若项目续建失败转入清算程序：

①已缴纳的保证金直接转为土地增值税预缴款；

②税务机关按破产受理时的资产评估价核定转让收入（不得扣除续建投入成本）。

5. 典型地区实践对比

下面选取具有代表性的三个省份进行对比，如表8-3所示。

表8-3 典型地区实践对比

地区	保证金比例	暂缓期限	续建监管主体
浙江省	20%	续建期+3个月	住建局和破产法庭联合监管
广东省	30%	续建期+6个月	政府工作专班和税务稽查局
湖北省	25%	按工程进度分阶段解保	第三方监理机构出具月度验收报告

（二）合并破产与税收优惠

若项目公司被集团合并，可争取按《关于继续实施企业改制重组有关土地增值税政策的公告》（财政部、税务总局公告 2023 年第 51 号）享受资产划转土地增值税减免，但需满足"100% 直接控股"条件。

1. 政策适用条件与法律依据

（1）主体资格要求

①100% 直接控股：合并双方必须为同一集团内具有 100% 直接控股关系的企业。例如，母公司与其全资子公司之间的合并，或受同一母公司 100% 控股的兄弟公司之间的合并。

②投资主体存续：原企业（被合并方）的投资主体须存续于合并后的企业中，即出资人未发生变动，仅出资比例可调整。

（2）排除情况

①若合并双方中任意一方为房地产开发企业，则不得享受该政策。

②合并后若涉及房地产再转让，须以合并前取得土地的成本作为扣除依据，且须提供省级以上自然资源主管部门的批准文件和评估价格。

2. 实务操作要点

（1）税务备案材料

须向主管税务机关提交以下文件：

①合并双方的营业执照及合并重组协议；

②房地产权属证明及价值评估报告；

③转让方合并前取得土地使用权的支付凭证（如土地出让金发票）。

（2）税收优惠范围

①暂不征税：合并过程中涉及的国有土地使用权、地上建筑物及其附着物的转移，暂不征收土地增值税。

②后续转让扣除：合并后再转让该房地产时，其扣除金额以合并前取得土地的成本或作价入股时的评估价为准。

（3）风险防范

①合理商业目的：合并须具有合理的商业目的（如优化资源配置），而

非以避税为主要目标,否则可能被税务机关调整。

②股权架构稳定性:合并后 12 个月内,若股权结构发生变化导致不再符合 100% 控股条件,则可能须补缴税款。

3. 与破产程序的衔接

(1) 税务债权申报

在破产程序中,管理人须将土地增值税作为税收债权申报,但其优先权次于职工债权和社保费用。若合并破产符合免税条件,可减少税收债权金额,扩大普通债权的清偿空间。

(2) 资产划转的税务处理

若合并涉及房地产划转,须同步处理其他税种:

①增值税:符合条件的资产划转(如伴随债权、债务及劳动力转移)可能适用不征税政策;

②契税:同一投资主体内部划转可免征契税;

③企业所得税:须符合特殊性税务处理条件(如 12 个月内不改变实质性经营活动)。

4. 典型案例与地方实践

(1) 地方执行差异

浙江省:明确要求合并后的企业须在工商登记中体现原投资主体存续,并提供连续经营的承诺书。

广东省:对合并后房地产再转让的扣除凭证审核严格,须提供原始土地出让合同及付款记录。

(2) 司法实践争议

部分法院认为,破产合并中若存在资产低价转移或虚构交易,可能被认定为"以合法形式掩盖逃税目的",从而否定税收优惠的合法性。

第九章
个人破产税收免责问题分析

　　个人破产税收免责制度旨在协调个人破产规范与税法的基本价值目标，兼顾国家税收利益与债务人经济重生需求。一方面，个人破产制度与税收制度在促进资源优化配置、维护社会公平、保障公民基本生存权等方面的价值理念具有内在契合性；另一方面，两制度的理念融合与规则互认，为破产涉税问题的妥善解决提供理论与实践支撑。在免责机制设计方面，应明确个人破产制度适用对象的广义内涵，涵盖个体工商户、个人独资企业等非法人主体。同时，针对个人破产制度可能诱发的逃债与逃税风险，应选择许可免责模式，并加强法院监督、财产申报、免责撤销等制度保障措施，从而有效防范债务人的道德风险与制度滥用风险。实践中，合理确定税收债权免责范围与数额，采用税收债权部分免责和税收债权顺位适当调整的方式，兼顾债务人经济复苏和债权人公平清偿目标。此外，通过明确免责撤销的法律依据与程序，有效规制债务人破产欺诈行为，提升个人破产制度的公平性与公信力，为制度的长效实施奠定基础。

第一节 个人破产税收免责的现实诉求

一、个人破产税收免责的必要性分析

(一) 个人破产制度与税收制度之间的协调

1. 价值追求的契合

在市场经济领域中，破产制度对债务人的破产清算、重整发挥着至关重要的作用。而其中的个人破产制度，在企业之外，对社会公众意义重大。它为深陷债务困境的个人提供了重新开始的机会，有助于巩固市场秩序、优化资源配置。同时，通过减少或免除债务人无力负担的债务，还能促使债务人诚信申报个人资产，鼓励诚信行为，从而达到保证其基本生活的可能。与此同时，税收制度中的个人所得税，凭借其七级超额累进的所得税税率、免征额以及专项附加扣除等措施，允许纳税人享受每月 5000 元、每年 60000 元的基本生活需要，即免征额。同时，对不同收入的纳税人适用不同的税率，使中高收入群体承担更多的相应税收，践行量能负担原则，确保税收负担的公平分配，推动社会和谐发展。

税收中的量能负担原则要求，纳税人应依据其实际纳税能力承担相应的纳税义务，能力大者多征税，能力小者少征税甚至不征税，以实现税收负担的公平分配，保证横向公平与纵向公平。在个人破产的情形下，由于个人丧失偿债能力，往往在纳税方面也面临困难。鉴于税收具有强制性和无偿性，欠缴税款会受到严厉的行政处罚。这就催生了"课税禁区"的概念，即税收不应侵犯纳税人的生存权，而应当将公民的最低生活需要从税收的课征中豁免，这对处于破产状态的个人尤为关键。这一理念的关键在于，国家的税收利益应当在处理个人破产、税收课征时进行一定的让步，以保证纳税人正常生活的权利。

此外，借鉴针对企业破产提出的"课税特区"理论，个人破产也可采用

类似策略。当个人仍具备一定纳税能力时，税务部门可推出优惠政策，如税收减免、延期缴纳或在征管程序上给予特殊考量。这种将个人破产与税收征管理念相融合的方式，既能尊重个人权利，又能促进经济复苏与可持续发展。

2. 规则的互认

税收债务关系理论中，强调国家作为税收法律关系的一方，与纳税人是对等的关系，故重视对纳税者权利的救济。由于税收债务请求权可以由税务机关代表国家权力强制执行，且直接来源于国家的强制规定，同时也是纳税人对国家或政府负有的义务，因而税收债务可以视为一种特殊的"公债"。

然而，当税收债权进入个人破产程序时，这种行政优先权的持续适用会与破产法的基本原则产生冲突。具体而言，破产法强调债权清偿的公平性和有序性，若税收债权仍旧保持行政法中的绝对优先地位，将影响破产程序的顺畅运行，并可能侵蚀其他普通债权人的合法利益。因此，在个人破产领域，有必要建立税收规则与破产规则相互协调与认可的机制。

事实上，这种规则互认的理念在企业破产立法与相关税收政策制定过程中已逐渐被接受并予以体现。例如，在企业破产中，税收债权通常被赋予高于普通债权的清偿顺位，但与此同时，税务机关在介入破产程序时，也需以一般债权人的身份参与破产程序中的债权申报、登记、审核及表决等环节，遵守破产法规定的基本规则。此外，税收滞纳金的处理也已逐渐参照一般民事债权的利息计算规则，即在破产程序启动后停止计算，以防止债务无限扩大，从而有效维护债权清偿秩序与公平性。由此可见，建立企业破产制度中税收规则与破产规则的相互认可与协调机制，既是税收征管实践向破产法原则妥协的表现，也是破产法律制度公平性与效率性的内在要求。这种规则互认对妥善解决破产涉税问题具有重要现实意义和深远的制度价值，值得进一步研究和完善。

3. 债权的公平清偿

公平清偿原则的核心在于，通过破产程序使全部债权人在统一机制下获得平等保护，从整体上实现债权人利益的最大化。这种公平性的清偿机制明显不同于个别清偿模式：一方面，其通过债权人之间的团体协商机制，以私法自治的合意平衡不同主体间的利益冲突，从而有效避免债务人破产程序终结后可能出现的个别债权追偿风险；另一方面，该原则以整体价值最大化为基础目标，旨在提高破产财产的整体价值，同时降低债权人之间不必要的竞争成本，从经济效率视角看，这为诚实但遭遇经济困境的债务人再生提供了必备的物质保障与稳定的制度环境。

在个人破产涉及税收债权领域，公平清偿原则的适用范围显然亟待前置和拓宽，即应适度前移至税收债权确认阶段。这种延伸的必要性主要是基于一定的专业考量。首先，税收具有强制性，税收债权严格依赖于国家立法所预设的课税构成要件。一旦该要件满足，税收债权即刻成立，纳税人无法通过私人合意加以抗辩或修改；税务机关在行使征税权时并不追求债权整体利益的均衡与最大化，也不可能以平等协商的方式加以实现，因此，更需要在确认税收债权时通过破产程序予以必要的公平规制。其次，个人破产制度设立的根本宗旨是保障债务人及其家庭基本生存权和经济再生权利，破产程序需要在债务清理中保留债务人必要的生活物资和能够推动其经济再生的生产资料。而税收债权数额确定的弹性恰能通过对税基、税率或税额抵扣等方面的针对性调整予以实现，这在国际立法实践中已有先例，能够有效体现国家公共责任与个人权利保障之间的平衡。毕竟，确保因意外而陷入困境的个人经济重振和社会再适应，实质上体现着国家公共政策的基本社会功能。

因此，在个人破产与税收制度融合视域下，公平清偿原则不仅需要贯穿于债权的清偿分配，更应提前作用于税收债权确认程序。如此才能切实协调税法的强制性、破产法的公平性与个人权益的保障性三者间的复杂互动关系，实现破产涉税问题处理的法理逻辑自治和社会公平目标。

（二）个人破产免责制度的现实意义

如果个人破产免责制度能够顺利实施，不仅可以救助"诚实而不幸"的债务人，还可以公平地保护债权人的合法利益；同时，还可以促进社会公共利益和公共福利的有效再分配。

1. 有利于债务人摆脱债务困境

个人破产免责制度的实施，是实现债务人"经济重生"的重要途径。毫无疑问,债务人是这一制度最直接的受益者。只要债务人诚实守信,不存在破产欺诈行为,即可通过个人破产程序申请部分或全部免责,从而摆脱无法清偿的债务。

一方面,巨额债务给债务人造成的生活和精神负担十分沉重,使债务人极易陷入绝望情绪,甚至可能因此走上违法犯罪的道路,产生严重的社会后果。相反,通过个人破产免责制度,可以有效减轻债务人的经济与精神负担,让债务人从沉重的债务压力中解脱出来,重新获得开展经营活动、继续贡献社会的机会。

另一方面,对于大多数资不抵债的债务人而言,他们往往具有还款意愿,但受限于客观条件而无力偿还债务。在现有制度下,债务人不得不频繁应对诉讼、执行等法律程序,甚至可能被法院错误认定为"有履行能力而拒不履行"而遭受拘留或罚款,进一步加剧其经济困难。这种困境严重削弱了债务人重新进入劳动力市场、获得稳定收入的能力,形成恶性循环。而个人破产免责制度能够有效区分"诚信而无力还债者"与"拒不履行债务的失信者",使诚信的债务人在依法清偿债务后,免于无止境地追偿和压力,更轻松地回归社会经济生活。

然而,目前我国尚未出台明确的个人破产保护法律,当个人陷入资不抵债、无法偿还到期债务的破产困境时,缺乏清晰的法律指引来界定财产清偿的范围与程序。因此,应建立健个人破产保护制度,明确债务人财产的界定与处置规则。在财产清算过程中,应尤其注重保留必要的家庭生活保障费用,确保债务人及其家庭成员的基本生活不受严重影响,子女接受教育与父母养老的权利得到有效保护。恩格斯曾指出,人类赖以生存与发展的生产活动包括两大基本部类:物质资料的生产和人自身的生产。❶ 在当前我国社会条件下,人自身的生产主要依赖于家庭。保障中国高质量人口生产的重要前提,是维护婚姻家庭的稳定与发展,确保家庭具备必要的经济基础和生活条

---

❶ 恩格斯,中共中央马克思恩格斯列宁斯大林著作编译局. 家庭、私有制和国家的起源 [M]. 3 版. 北京:人民出版社,1999.

件。为此，建立完善的个人破产保护制度，既是保障债务人权益的制度性安排，也是确保家庭经济稳定、促进社会和谐发展的重要举措。

2. 有利于实现债权人的公平受偿

个人破产免责制度最初的目的在于维护债权人的利益，即通过债务免除这一激励措施，促使债务人积极配合破产程序，从而最大限度地实现债权人的债权。对于陷入债务困境的债务人而言，即使不予免除剩余债务，债权人实现全部债权清偿的可能性也极为渺茫，反而需要时刻关注并防范债务人的财产转移行为，无形中耗费大量时间与精力。

理想状态下，通过个人破产免责制度，债务人有动力主动申请破产，并积极履行免责程序中规定的各项义务，主动、真实、全面地申报个人财产与收入情况。这种合作机制不仅能有效遏制债务人转移、隐匿财产和收入的行为，还能够提高破产财产的归集效率。由于管理成本显著降低，债务人主动配合申报后所归集的财产规模往往高于债务人抗拒破产程序时的财产规模，间接增加了可用于清偿债务的财产数量。因此，破产免责制度的实施，从长远看对债权人更为有利。

此外，现实中，当债务人陷入严重资不抵债且无法偿还到期债务时，由于缺乏完善的破产保护制度，债权人为保障自身利益往往被迫采取激烈措施，出现了所谓的"三个抢先"与"三个拖延"现象，即债权人若能及时反映，则抢先立案、抢先审判、抢先执行；若错失先机，则转而采用拖延立案、拖延审判、拖延执行的手段。这种非理性竞争严重扭曲了债权人之间平等受偿的基本原则，产生不公平现象，更易滋生权力寻租与司法腐败。

上述现象的出现，其根本原因在于我国现行的破产保护制度尚未健全，无法有效保障债权人之间平等、公正的受偿权。相较于债务人自行选择优先清偿个别债权人、完全忽视其他债权人权益的做法，债权人合作理论强调在债务人资不抵债时，债权人若选择放弃未来全额清偿的可能性，合作追求当前最大化的破产分配，将能有效降低维权成本，实现债权的公平受偿。因此，完善个人破产免责制度不仅能够激励债务人主动配合破产程序，降低财产监管与追索成本，还能有效避免债权人之间恶性竞争与寻租腐败现象的发生，最终实现债权的公平、公正、高效清偿。

3. 有利于促进公共利益的实现

首先,个人破产免责制度符合市场经济发展的需要,有助于解决"执行难"的现实问题。目前,实践中存在大量自然人执行不能的案件,若一味地强调执行,不仅增加当事人的诉累、浪费司法资源;而且即使债务人仍有少量可供执行的财产,在支付执行费用后通常也所剩无几,更可能导致债务人"破罐子破摔",反而不利于社会的和谐稳定。因此,个人破产免责制度可以为大量执行不能的案件提供一个退出路径,与强制执行制度共同形成一个"宽容诚实债务人、惩戒失信债务人"的债务处理模式,从而有效化解因久拖不决而给社会造成的风险,有利于维护社会稳定。

其次,破产免责不仅能实现对个人的救赎,更是对公共利益的考量和回应。个人破产并非只关乎债权人和债务人,社会的良好运行必定与其中每个成员的自由发展息息相关,所以法律规则对个人的救赎也将使社会整体获益。即便破产免责在客观上具有社会保障功能,但它也绝不仅是一种在债务人陷入困境时对其施以同情的权宜之计,从经济效应和社会效果考察,它亦可激发个体活力,提高社会总体生产力水平,最终促进公共利益的实现。

4. 有利于营造良好宽松的营商环境

将个人破产制度置于社会整体利益中加以认识,给予"诚实但不幸"的债务人免责,对社会是普遍有利的,而不只是在特定情况下对债权人有利。把债务人从旧有债务中解放出来,可以鼓励债务人恢复为商业社会中"有生产力的成员"。个人破产免责制度有利于改变人们对投资、创业失败的畏惧心理,打消企业家投资、创业的一些顾虑,培育和激发企业家精神,进而充分发挥"企业家才能"这项人力资本的作用。相反,不予免责,一味地追缴欠款,通过诉讼、执行等措施,可能会产生负外部性。庞大的债务人团体的存在会造成社会和政治的动荡以及经济困难,导致社会不得不以某种方式来支持这些债务人及其家庭,进而削弱了社会组织。因此,个人破产免责制度有利于构建一个良好的、宽松的、法治化的营商环境。

二、个人破产税收免责的实践考察

自 2018 年以来,最高人民法院积极推动地方开展个人债务清理机制试点,以浙江台州、温州,江苏睢宁、吴江,山东高青等地为代表,探索通过执行程序引入债务清理与和解方式,使债务人以退出执行程序的方式获得类个人破产的法律效果,故被称为"类个人破产制度"。

浙江地区的探索尤为突出。2019 年 4 月,台州市中级人民法院率先颁布《执行程序转个人债务清理程序审理规程(暂行)》,作为全国首创的地方性规范,该规程详细规定了债务清理的适用条件、执行程序的衔接机制、管理人职责、债务清理方案制定与执行终结等内容,初步形成了个人破产制度的雏形。同年 8 月,温州市中级人民法院出台《关于个人债务集中清理的实施意见(试行)》,进一步明确了自由财产制度、失权复权制度以及债权人表决、债务人信用恢复制度。在该意见指导下的蔡某案件❶,通过支付小额清偿,实现债务豁免,被称为我国首例实质性个人破产案件。

浙江省高级人民法院 2020 年发布的调研报告显示,截至 2020 年 9 月 30 日,浙江省法院已受理个人债务集中清理案件 237 件,总债务 2.027 亿元,整体平均清偿率为 16.53%。❷ 数据表明,这一机制在保障债权人公平受偿的同时,为债务人经济重建提供了切实路径,为个人破产立法积累了宝贵实践经验。

在部分法院实践基础上,2021 年 3 月 1 日,《深圳经济特区个人破产条例》正式实施,标志着我国个人破产制度正式进入地方立法实践阶段。该条例共十三章 173 条,系统地规范了个人破产申请、破产财产范围、债权申报程序与受偿顺序,采用国际通行的一般破产主义模式,创新性地引入自由财产制度、破产免责制度和失权复权制度等内容。尤其是在自由财产方面采取

---

❶ 浙江省平阳县人民法院公告(2019 年 8 月 13 日),浙江省平阳县人民法院行为限制令[(2019)浙 0326 执清 3 号]。

❷ 徐建新、鞠海亭、王雄飞,等. 先行先试积极探索 稳妥推进债务清理:浙江高院关于个人债务集中清理(类个人破产)工作情况的调研报告[N/OL]. 人民法院报,2020 - 12 - 24 [2024 - 01 - 28]. https://www.chinacourt.cn/article/detail/2020/12/id/5679935.shtml.

概括式立法，豁免财产价值最高达 20 万元，免责考察期也缩短至 3 年，体现了对债务人友好的立法倾向。但此种宽松制度设置能否在全国推广仍须审慎评估，以防止债务人与债权人之间的利益失衡。

2024 年，党的二十届三中全会通过的《中共中央关于进一步全面深化改革 推进中国式现代化的决定》提出"探索建立个人破产制度"。作为经济特区的厦门承担起重要的先行试点任务。厦门结合深圳及域外经验，起草了《厦门经济特区个人破产保护条例（草案）》，其特色在于明确立法目的、破产原因，强化防范恶意逃债措施；建立更加协调高效的政府与法院合作机制；严格规范债务人财产制度与诚信审查制度；完善债权申报程序，体现对债权人利益的充分保护。此外，厦门还创新性地设计了遗产破产、夫妻共同破产、个人与企业法人合并破产等特别程序。例如，遗产破产程序旨在实现债务的公平集中清偿，保护继承人的合法权益；个人与企业法人合并破产则有效提高了审判效率，最大限度地减小了破产对个人和企业的不利影响。

整体而言，我国个人破产制度的探索从地方试点到正式立法，再到当前的创新试验，体现了在制度设计上既保护债务人基本生存权利和经济恢复需求，也兼顾债权人公平受偿利益与社会诚信环境的原则。这种循序渐进的改革路径，为未来全国层面的个人破产立法奠定了坚实的理论与实践基础。

第二节 个人破产税收免责的机制设计

一、个人破产税收免责机制需要澄清的两个基础命题

（一）对"个人"的规范分析

在我国法律体系中，"个人"通常被理解为"自然人"，但这一概念在不同法律领域中的内涵存在差异。例如，在税法体系下的"个人"含义就更为宽泛，且根据税种的不同，对个人定义的范围也有所不同：增值税领域将"个人"定义为包括"个体工商户"和"其他个人"，其中"其他个人"与

传统法律意义上的"自然人"相对应；而在所得税领域，"个人独资企业""合伙企业""个体工商户"等非法人主体，虽然名称包含"企业""工商户"等字样，但所得税负担却属于个人所得税范畴，而非企业所得税范畴。这种税法层面对"个人"概念的特殊界定与一般民法概念存在一定偏差，也揭示了法律术语适用的复杂性。

在个人破产制度的构建中，"个人"概念的界定至关重要。追溯至破产法颁布之初，对"个人"概念的界定源于自然人破产制度，即最初是为了解决自然人个人债务清偿问题。国外破产法中也普遍采用狭义与广义之分：狭义的"个人"仅指自然人，而广义的"个人"则扩大到不具备法人资格的市场主体，如《美国破产法典》中的个人破产程序（尤其是第 7 章和第 13 章），不仅适用于自然人，也可延伸适用于个体经营者及部分不具备法人资格的商业主体。

结合我国《企业破产法》现行规定可知，目前明确规定适用于"企业法人"，而其他主体，如个人独资企业、合伙企业等不具有法人资格的市场主体，在缺乏个人破产法支撑时，只能以"参照"企业法人破产的方式适用，这属于过渡性质的法律安排。这种安排虽能暂时填补制度空白，但在法律逻辑与实践操作中均存在一定局限。

在未来构建我国个人破产制度时，应明确采取广义理解，将个体工商户、个人独资企业、合伙企业等非法人市场主体统一纳入个人破产法的适用范围，以实现个人破产制度的完整性与协调性。同时，对非营利法人、农民专业合作社等特殊法人组织，应通过完善《企业破产法》加以规范，以避免制度交叉和模糊。这种更广泛、更清晰的制度设计，将有助于促进破产法与税法的有效衔接，提升法律体系的整体协调性，保障市场主体的有序退出和经济社会的良性发展。

（二）个人破产并不意味着逃税

根据税收债权债务关系理论，税收也是一种债务，是纳税人向国家所负的"公债"。个人破产制度往往伴随着对个人负债的依法合理免责，有人因此担心，个人破产会不会沦为逃废债和逃税的工具？笔者认为，这种担心很正常，但通过明确破产免责的法律路径选择、构建完善的约束和防范机制，是可以最大限度避免的。

其一，自动免责抑或许可免责？许可免责是指债务人在破产程序中申请免责并获得法院许可后才能免除剩余债务的制度。这种以法院的裁定为依据的方式，本质上是为了打击破产欺诈和恶意逃废债的行为。《深圳经济特区个人破产条例》中的规定就大量借鉴此种模式，通过适度放宽免责条件，由债权人本位逐步转向债权人与债务人的平衡模式。自动免责（当然免责）与许可免责不同的是，不需要债务人申请，一旦法院作出破产裁定即可自动获得余债免除的资格。这种模式基于人道主义、债务宽恕等理念进行制度设计，能够帮助债务人迅速重建信心，走出债务困境，融入社会生产并创造新的经济价值。两者的区别在于，自动免责的法律路径可以很好地反映个人破产制度给予债务人"全新开始"的政策考量，但容易引发债务人的道德风险。许可免责的法律路径有助于更好地打击逃废债务行为和制裁不诚信的债务人，但存在司法成本相对较高，债务人走出困境的周期较长等问题。当前，我国个人信用体系仍须健全，社会对破产以及破产免责的接受程度还须不断提高，结合国情来看，选择许可免责能尽量避免恶意逃废债、逃税的情形发生，进而发挥法院在破产免责制度中的监督作用，综合考量债务人与债权人利益的平衡，维护社会整体利益，使真正"诚实而不幸"的债务人重生，发挥个人破产免责制度的最大价值。对滥用个人破产制度的欺诈性债务人，不允许其适用破产免责规则，并且要加大惩戒力度，包括完善并激活刑法中的虚假破产罪。

其二，个人破产申请的程序设计确保了法院许可免责的裁决通常在信息充分的条件下作出。具体而言，破产申请程序的精细化设计足以遏制道德风险：债务人进入个人破产程序的重要环节就是进行财产申报，在申报过程中，任何瞒报行为、欺诈性的财产转移或恶意串通都将导致免责裁定被取消。与《企业破产法》原理相同，债务人为逃避债务而隐匿、转移财产的行为无效，管理人对相关财产有权并且应当予以追回。目前，浙江省台州市中级人民法院出台的、具有个人破产制度试点和雏形性质的《执行程序转个人债务清理程序审理规程（暂行）》规定，因赌博、挥霍消费等不良行为，欺诈、转移或隐匿财产等规避执行等不诚信行为，不能适用该规程，对债务人在债务清理期间逃避债务清理的行为，加大民事制裁和刑事追究力度，从而防止债务人借债务清理程序逃避债务。

其三，关于逃税的顾虑。从世界主要国家的通行做法来看，个人破产中的欠税多不在部分免责或完全免责范围。例如，根据《日本破产法》的规定，租税请求权和罚金请求权属于非免责债权类型；根据《美国破产法典》的规定，3年以下的所得税、1年以下的财产税及政府罚金不被免责。在我国个人破产制度的设计中，如果采用日本的做法，则完全不存在借助个人破产程序逃税的问题。即使采用美国的做法，借助破产逃税的风险也在可控范围之内，原因主要有二：第一，我国个人所得税主要采用扣缴制度，对未履行扣缴义务的扣缴义务人，除了行政处罚之外，可以责令补扣。对于其他自主申报的情况而言，如果构成逃税，应不在免责之列，可以无限期追征；如果不构成逃税，而是正常申报欠税的话，该纳税人应被视为"诚实而不幸"的债务人，给予必要减免也属正当。第二，我国个人的财产税主要是房产税，目前对自住性住房本就免征房产税，对经营性房产未申报缴纳房产税的情况而言，笔者认为，该纳税人不应被视为"诚实而不幸"的债务人，从而不能适用免责规则。

二、个人破产税收免责机制展开

（一）免责方式

我国现行企业破产立法及实践表明，税收债权被赋予优先受偿地位，虽然在具体清偿顺位上可能与职工债权、担保债权发生冲突，但税收债权优于普通无担保债权是毋庸置疑的。税收债权本质上代表着国家利益和公共利益，一旦被轻易免除，其相应负担必将转嫁到其他纳税人身上。因此，我国个人破产立法初期，沿用国际上的主流做法，原则上将税收债权排除在免责范围之外，这具备一定的法理上的正当性。

然而，税收债权的绝对优先受偿并非不可调整，国际上多个国家已经在个人和企业破产程序中对税收优先权进行了相应改革。以英国为例，英国破产法传统上将优先债权分为普通优先债权与次级优先债权两类，普通优先债权优先于次级优先债权受偿。如果破产财产在支付破产费用后，不足以清偿全部优先债权，则普通优先债权人之间按比例清偿，次级优先债权人则在普通优先债权完全受偿后再按比例分配。这种制度设计一度造成税收债权优先地位过高，虽有利于国家财政收入，却严重损害了普通债权人的合法权益，并被广泛批评为导致市场主体破产风险增大、投资意愿下降。

鉴于此种情况，于2002年通过《英国企业法》对税收优先债权进行重大改革，彻底取消了此前长期适用的皇家优先权，包括国内所得税、关税及消费税、社会保险税等税种均不再享有绝对优先地位。直至近年，英国为进一步平衡公共利益与市场主体存续之间的关系，又作出了折中安排：在2020年的《英国金融法》中，英国政府重新明确增值税以及雇主代扣代缴的个人所得税、雇员国民保险费等税项恢复次级优先债权地位。这种做法的目的在于既避免税收债权的绝对优先性损害普通债权人的利益，又保留部分税收债权的受偿保障，以平衡国家财政需求和市场公平之间的关系。

英国对税收债权优先权的制度改革实践对我国个人破产制度建设具有重要启示。在个人破产制度中适当调整税收债权的清偿顺位，将部分税收债权从绝对优先受偿状态后移，确定为"次级优先债权"或与其他普通债权进行公平受偿。这种安排可以避免税务机关过度挤占破产财产，保护其他债权人尤其是中小企业债权人的利益，降低贸易、投资和贷款的潜在风险，最终促进市场的整体健康发展。

此外，除了调整税收债权的优先级顺位外，我国还可以从税收征管环节入手，适当减轻债务人在破产程序中的税负压力。例如，实施税基减免或延期纳税措施，以实现"量能课税"的原则，保障债务人未来的偿债能力和经济复苏潜力。《德国破产法》在这一方面已有成功经验，虽然不豁免财团费用，但允许破产债务人对破产程序费用实施延期支付，以确保债务人经济恢复能力。我国亦在企业债务重组的税务规定中明确，符合条件的债务重组所得可以在5个纳税年度内分期递延纳税。因此，在个人破产制度中也可参考此类做法，对暂时陷入财务困境但具备未来经济恢复潜力的债务人，给予类似的递延纳税或税收优惠政策，从而有效保障债务人重返经济活动，并稳定未来的税收来源。

（二）免责数额

传统的个人破产免责制度通常采用"全有或全无"的债务清偿模式，即债务人若被法院批准免责，则未清偿的债务完全免除；而免责申请一旦被否决，则债务人须继续承担全部债务责任。这种极端模式忽略了债务人个体经济状况、偿债能力及纳税能力的具体差异，未能充分体现个人破产制度旨在促进债务人经济重建的立法初衷，在税收债权处理方面表现得尤为突出。

国际上，个人破产制度成熟的国家如美国、德国、日本等，早已在实践中突破了传统"全有或全无"模式的局限，采用更具弹性的部分免责制度。例如，《美国破产法典》第13章规定，允许债务人在3—5年的期限内，根据实际偿债能力部分清偿债务，其余部分债务则依法免除。这种灵活模式在税收债权处理中尤为明显，税务机关通常依据债务人的收入状况、资产变化、历史纳税信用记录等因素，合理决定债务人所欠税款的豁免额度或分期缴纳方案，既保护了税收债权的基本利益，也为债务人的经济复苏提供了实际空间。

我国当前的税务征管实践对长期未履行纳税义务的债务人实施强制措施，如连续三个月未进行纳税申报将被列为非正常户，暂停发票使用，甚至申请冻结银行账户。这些措施在个人破产情形下极大地限制了债务人重返市场、恢复生产经营的可能性，客观上赋予了税务债权事实上的优先受偿地位，造成债权人之间的实质不平等，与个人破产制度设立的宗旨存在明显冲突。

《深圳经济特区个人破产条例》首次在我国实践中明确规定了破产豁免财产的范畴，如债务人及其所抚养人的基本生活、学习、医疗的必需品，职业发展必须保留的物品，没有现金价值的人身保险，专属于债务人的社会保险金、最低生活保障金等。但同时规定，对价值明显较大且不用于清偿债务有违公平原则的财产，不认定为豁免财产。此外，根据该条例，个人破产管理人处置债务人财产所得需要依法缴纳税款，这导致债务人资产变现所得的部分资金用于清偿新产生的税收负担，从而进一步加剧了债务人的经济负担。

基于我国税务征管技术不断发展的现实背景，尤其是金税四期、智慧税务等大数据技术的广泛应用，我国应考虑在个人破产制度中建立更加弹性的"税务部分免责制度"。具体而言，可以通过综合考虑债务人的历史纳税诚信记录、收入水平、资产负债状况、银行流水、家庭负担等因素，合理设定税款豁免比例。例如，对历史纳税诚信良好、经济重建能力强的债务人，可给予较高的税款豁免额度；对轻微过错但主动纠正、积极清偿的债务人，则给予相对较低的税款豁免；而对恶意逃税、严重不诚信的债务人，则不予豁免。这一制度安排既有效激励债务人积极恢复经济活动，保证债务人经济重建的现实可能性，同时也确保税收收入的长期稳定性与可持续性，从而实现债务人经济复苏与税务债权之间的合理平衡。

综上，结合国际经验与我国现状，在个人破产制度中引入"税务部分免责制度"，既是税收公平原则的体现，也是完善我国个人破产制度的重要方向，值得在未来的立法实践中重点关注与深入研究。

（三）免责撤销

所谓破产免责撤销，是指法院在作出债务人破产免责裁定后，若发现债务人存在依法不应免责的情形，可依据相关法律规定撤销已作出的免责裁定。税收债权在破产中的免责同样遵循这一原则，并非绝对、无条件地免除债务。

当前，我国个人破产制度仍处于初步建立和探索阶段，债务人信用体系尚未完全建立，相关的配套制度亦尚不完善。因此，学界和地方立法普遍认可对破产免责资格的严格审查，包括债务人的诚信表现、是否存在破产欺诈或其他违法犯罪行为，以及其在破产免责考察期的具体表现。例如，债务人应履行持续就业、及时完整报告财产状况及收入变化等义务。如债务人在考察期内违反诚信义务，或被发现此前存在破产欺诈行为，致使债权人利益严重受损的，法院有权依法撤销已作出的免责裁定。

在地方立法层面，《深圳经济特区个人破产条例》对免责撤销的规定尤为严格：一旦发现债务人以欺诈等不正当手段获得免责利益，利害关系人可以随时向法院提出撤销免责的申请，且条例未设定申请撤销的期限。这意味着，只要债务人的不诚信或欺诈行为被揭露，即使经过较长时间，相关利害关系人仍享有申请撤销免责的权利。

法院作出债务免责裁定的本意，是在债权人在一定范围内牺牲部分利益的基础上，赋予债务人重新开始经济生活的机会，从而保障其基本生存权和再生能力。但这一制度安排并非鼓励债务人逃避债务，更不允许债务人利用免责程序实施恶意欺诈行为。因此，设立免责撤销机制十分必要。

实践中，对债务人的监督机制也因监督主体的不同而有所差异：法院主要依据利害关系人或破产管理人的申请，对涉嫌欺诈或不诚信的债务人进行调查和判断；而破产管理人或破产管理机关的监督则着重于债务人在免责考察期内的日常表现，包括债务人的财产及收入状况变动、诚信报告义务的履行情况等，以此判断其是否具备继续享有免责的资格。此外，若债权人在免责裁定作出前发现债务人有欺诈或不诚实行为，亦可主动向法院申请撤销其免责资格，以保护自身合法权益。

综上所述，免责撤销意味着债务人重新承担债务清偿义务，包括原本可能获得免责的税收债权，这有利于维护个人破产制度的公平性与权威性，确保债务人诚信履行法律义务，防止破产免责制度被滥用。

主要参考文献

一、图书

[1] 刘剑文，熊伟. 财政税收法［M］. 5版. 北京：法律出版社，2009：179.

[2] 施正文. 税收债法论［M］. 北京：中国政法大学出版社，2008：7.

[3] 陈少英. 税收债法制度专题研究［M］. 北京：北京大学出版社，2013：5.

[4] 邹海林. 破产法：程序理念与制度结构解析［M］. 北京：中国社会科学出版社，2016：365.

[5] 王卫国. 破产法精义［M］. 2版. 北京：法律出版社，2020：2.

[6] 徐战成. 企业破产中的税收法律问题研究：以课税特区理论为指导［M］. 北京：法律出版社，2018：269.

[7] 王欣新. 破产法［M］. 4版. 北京：中国人民大学出版社，2019：54.

[8] 李永军. 破产法律制度：清算与再建［M］. 北京：中国法制出版社，2000：331.

[9] 刘剑文，熊伟. 税法基础理论［M］. 北京：北京大学出版社，2004：298.

[10] 黄茂荣. 税捐法论衡 [M]. 台北：台湾植根法学丛书编辑室，1991：86.

[11] 刘中建，韩晓. 新时代中国财税法治热点问题研究 [M]. 北京：知识产权出版社，2021：204.

[12] 王婷婷. 课税禁区法律问题研究 [M]. 北京：法律出版社，2017：39.

[13] 王欣新. 破产法前沿问题思辨：上册 [M]. 北京：法律出版社，2017：211.

二、期刊

[1] 许德风. 论破产债权的顺序 [J]. 当代法学，2013，27（2）：76-82.

[2] 杨亮. 破产程序中税收优先权的捍卫和思考 [J]. 税务研究，2020（8）：85-89.

[3] 侯卓."债务关系说"的批判性反思：兼论《税收征管法》修改如何对待债法性规范 [J]. 法学，2019（9）：141-154.

[4] 张世明. 税收法律制度对于公民意识的培养解析 [J]. 政法论丛，2023（3）：3-17.

[5] 张守文. 论税收法定主义 [J]. 法学研究，1996（6）：57-65.

[6] 叶金育. 债法植入税法与税收债法的反思：基于比例原则的视角 [J]. 法学论坛，2013（3）：155-160.

[7] 姜孟亚. 税收之债理论及其在我国的实践 [J]. 中共中央党校学报，2018（6）：85-92.

[8] 林溪发. 破产程序执行中的税收问题研析 [J]. 税务研究，2022（11）：135-139.

[9] 范志勇. 论企业破产与税收征管程序的调适 [J]. 河北法学，2018（9）：162-177.

[10] 徐阳光. 破产程序中的税法问题研究 [J]. 中国法学，2018（2）：

208 – 227.

[11] 张松, 王怡. 企业破产程序中的若干税收法律问题 [J]. 税务与经济, 2019 (4): 89 – 93.

[12] 韩静涛. 企业破产中的税收问题探讨 [J]. 中国经济问题, 2008 (3): 56 – 59.

[13] 张世君, 高睿思. 论税务机关行使破产申请权的若干思考 [J]. 税务研究, 2023 (2): 82 – 88.

[14] 李雪田. 论破产优先权 [J]. 当代法学, 2008 (5): 123 – 127.

[15] 张欣. 浅议我国税收优先权制度 [J]. 税务研究, 2005 (3): 61 – 63.

[16] 熊伟. 作为特殊破产债权的欠税请求权 [J]. 法学评论, 2007 (5): 90 – 97.

[17] 李妍. 税收优先权制度的法理学分析 [J]. 江西社会科学, 2011 (3): 185 – 188.

[18] 侯作前. 我国税收优先权制度前瞻 [J]. 云南大学学报 (法学版), 2003 (1): 30 – 33.

[19] 郭维真. 税收债权视角下的《税收征管法》修订 [J]. 税务研究, 2018 (10): 68 – 73.

[20] 赵建国. 税收优先权的法律位序分析 [J]. 税务研究, 2008 (3): 66 – 68.

[21] 王一鹤. 税收优先权法律冲突检视 [J]. 税务研究, 2020 (11): 83 – 88.

[22] 颜延, 解应贵. 破产程序中的税收债权保护 [J]. 税务研究, 2017 (6): 79 – 82.

[23] 汪琼欣. 破产重整程序中税收债权的协商与让步 [J]. 行政与法, 2022 (5): 69 – 76.

[24] 乔博娟. 企业破产重整税收优惠政策研析 [J]. 税务研究, 2014 (3): 63 – 67.

[25] 刘佳. 税收优惠政策对破产重整的法律调整及优化进路 [J]. 税务与经济, 2014 (2): 77-82.

[26] 闫海. 新破产法中税收债权问题研究 [J]. 法治论丛, 2008 (2): 50-55.

[27] 范志勇, 李奇. 论针对企业破产重整豁免债务的所得税课税除外 [J]. 税务与经济, 2021 (6): 30-37.

[28] 浙江省温州市中级人民法院联合课题组, 潘光林. 论破产涉税若干问题的解决路径: 基于温州法院的实践展开 [J]. 法律适用, 2018 (15): 56-66.

[29] 唐媛媛, 王虹. 破产清算程序中的税收债权问题: 基于破产法与税法的冲突 [J]. 税务与经济, 2020 (4): 63-70.

[30] 郭昌盛. 公共财产法的理论困境及反思 [J]. 北大法律评论, 2021 (1): 159-181.

[31] 徐阳光. 破产程序中的税法问题研究 [J]. 中国法学, 2018 (2): 208-227.

[32] 陆晓燕, 郁明明. 破产合规视角下重整投资人的利益保护 [J]. 人民司法, 2023 (34): 15-21.

[33] 王建平. 企业破产法上的利益平衡 [J]. 人民司法, 2006 (11): 14-18.

[34] 刘俊海. 论公司生存权和发展权原则: 兼议《公司法》修改 [J]. 清华法学, 2022 (2): 6-22.

[35] 陈英. 普通债权人在重整程序中的法律地位与立法规制重心研究 [J]. 西部法学评论, 2012 (6): 89-94.

[36] 解志国. 民法上优先受偿权的几个问题 [J]. 法商研究, 1997 (5): 26-31.

[37] ENDICOTT JR. A B. Taxes, wage claims, and inheritances [J]. Journal of the National Association of Referees in Bankruptcy, 1941, 16 (2): 58-62.

[38] WESTON J F. Some economic fundamentals for an analysis of bankruptcy [J]. Law and Contemporary Problems, 1977, 41 (4): 47-65.

[39] LOPUCKI L M. A general theory of the dynamics of the state remedies/bankruptcy system [J]. Wisconsin Law Review, 1982 (3): 311-372.

[40] MOONEY JR. C W. A normative theory of bankruptcy law: bankruptcy as (is) civil procedure [J]. Washington and Lee Law Review, 2003, 61 (3): 931-1062.

[41] HUNT J P. Taxes and ability to pay in municipal bankruptcy [J]. Washington Law Review, 2016, 91 (2): 515-580.

[42] SPRAYREGEN J H M. Dischargeability of personal income taxes in bankruptcy [J]. American Bankruptcy Law Journal, 1990, 64 (2): 209-228.

[43] LOPUCKI L M, Whitford W C. Patterns in the bankruptcy reorganization of large, publicly held companies [J]. Cornell Law Review, 1992, 78 (4): 597-618.

[44] HEBENSTREIT L M. Tying together the tax and bankruptcy codes: What is the proper tax treatment of abandonments in bankruptcy [J]. Ohio State Law Journal, 1993, 54 (3): 859-890.

[45] MORGAN B K. Should the sovereign be paid first? A comparative international analysis of the priority for tax claims in bankruptcy [J]. American Bankruptcy LawJournal, 2000, 74 (4): 461-507.

[46] WILLIAMS J F. Rethinking bankruptcy and tax policy [J]. American Bankruptcy Institute Law Review, 1995, 3 (1): 153-206.

[47] DURRSCHMIDT D. Abolition of tax priorities in Germany: A myth? [J]. International Corporate Rescue, 2005, 2 (5): 227-233.

三、报纸

[1] 商海燕. 税务机关以债权人身份申请企业破产可行吗 [N/OL]. 中国税务报, 2016-11-29 [2024-12-07]. https://www.shui5.cn/article/10/108937.html.